THE
TANTRASARA
OF
ABHINAVA GUPTA

THE
TANTRASARA
OF
ABHINAVA GUPTA.

Edited with notes by

MAHAMAHOPADHYAYA
PANDIT MUKUND RAM SHASTRI,

Published under the Authority of the Government of
His Highness Lieut.-General Maharaja
Sir PRATAP SINGN SAHIB BAHADUR,
G. C. S. I., G. C. I. E.

GYAN

Published by

Gyan Publishing House
5, Ansari Road
Daryaganj, New Delhi-110002
Phone: 011-47034999, 9811692060
E-mail: books@gyanbooks.com

Distribution Network
gyanbooks.com
India, USA, Canada, UK, Australia

ISBN: 978-93-6208-780-5 (PB)
First Published, 1918

2nd Impression 2024

Printed at: Gyan Press, Delhi.

THE TANTRASARA OF ABHINAVA GUPTA
Author: ABHINAVA GUPTA

THE TANTRASĀRA

OF

ABHINAVA GUPTA.

Edited with notes by

MAHĀMAHOPĀDHYĀYA

PAṆḌIT MUKUND RĀM SHĀSTRĪ,

Officer-in-Charge Research Department,

JAMMU AND KASHMIR STATE,

SRINAGAR.

Published under the Authority of the Government of

His Highness Lieut.-General Mahārāja

Sir PRATĀP SINGH SĀHIB BAHĀDUR,

G. C. S. I., G. C. I. E.,

MAHĀRĀJA OF JAMMU AND KASHMIR STATE.

BOMBAY:

PRINTED AT THE 'NIRNAYA-SAGAR' PRESS.

1918

काश्मीर-संस्कृतग्रन्थावलिः ।

ग्रन्थाङ्कः १७

श्रीतन्त्रसारः ।

श्रीमन्महामाहेश्वराचार्यवर्य-श्रीमदभिनवगुप्ताचार्यविरचितः ।

श्रीभारतधर्ममार्तण्ड-कश्मीरमहाराज-श्रीप्रतापसिंहवरप्रतिष्ठापिते

प्रत्नविद्याप्रकाश-(रिसर्च)कार्यालये

तदध्यक्ष-**महामहोपाध्याय**-पण्डित-**मुकुन्दराम-शास्त्रिणा**

उद्दिष्टकार्यालयस्थेतरपण्डितसहायेन

संगृह्य, संशोधन-पर्यायाङ्कन-विवरणादिसंस्करणोत्तरं

पाश्चात्यविद्वत्परिषत्संमताधुनिकसुगमशुद्धरीत्युपन्यासादिसंस्कारैः परिष्कृत्य

मुम्बय्यां

निर्णयसागराख्यमुद्रणालये मुद्रापयित्वा प्राकाश्यमुपनीतः ।

THE RESEARCH DEPARTMENT JAMMU & KASHMIR STATE

संवत् १९७४ खैस्ताब्दः १९१८

काश्मीर-श्रीनगर।

श्रीमच्छ्रीकण्ठनाथप्रभृतिगुरुवरादिष्टसन्नीतिमार्गो
लब्ध्वा यत्रैव सम्यक्पटिमनि घटनामीश्वराद्वैतवादः ।
कश्मीरेभ्यः प्रसृत्य प्रकटपरिमलो रञ्जयन्सर्वदेश्यान्-
देशेऽप्यस्मिन्नदृष्टो घुसृणविसरवत्सत्तान्मुदे सज्जनानाम्॥१॥

तरत तरसा संसाराब्धिं विधत्त परे पदे
पदमविचलं नित्यालोकप्रमोदसुनिर्भरे ।
विमृशत शिवादिष्टाद्वैतावबोधसुधारसं
प्रसभविलसत्सद्युक्त्यान्तःसमुत्प्लवदायिनम् ॥ २ ॥

PREFATORY.

Before introducing the reader to the most abstruse and technical contents of this philosophical work I take this opportunity to express my heartfelt thanks to the owners of the manuscripts which have been made the main bases of this edition of the Tantrasāra, appearing for the first time as volume XVII of the Kashmir Series of Texts and Studies.

In all there were three manuscript copies used in preparation of this work for the Press. The first of these belonging to Rājānaka Sodarshana of Srinagar consisted of 72 leaves of Kashmiri paper written in Shārada characters, and of this a copy was made in this office. It is a transcript of another older manuscript and bears 1903 anno Vikrami (1846 A.D.) as the date of its transcription. As regards omissions and mistakes it is, however, not free from blemishes.

The second manuscript copy with which the above was collated belongs to the collection of books bearing on the Shaiva philosophy in general which one Rīvatī Raman of Southern India got copied during his visit to Kashmir for acquisition of rare manuscripts. On his death here in Kashmir these books fell into the hands of his servants, and from one of them I bought this manuscript copy of the Tantrasāra for my personal use. It is in Devanāgiri characters and consists of 48 leaves of old Kashmīrī paper. Three more leaves which this manuscript seems to have contained are lost. It is generally incorrect and full of omissions.

The third and the most useful manuscript copy of the Tantrasāra was the one presented to me at Agra in 1912 A. D. A brief history of its acquisition would not be out of place. It is as old as 1527 A. D., corresponding to the Laukika era 4603, and consists of 79 leaves of very old Kashmiri paper. It belongs to the collection of books which one Manmōhan Chandra of Srinagar received as a heritage from his ancestors. During the tenor of the Emperor Shah Jahan the great Moghul's reign the aforesaid Manmōhan Chandra left Kashmir for Dehli and, finding favour at the Emperor's Court, settled down there. Of the precious books of Manmōhan Chandra's only about one fifth were available when in 1895 A. D. on my visit to Agra I saw them in a state of preservation with the widowed wife of Kidār Nāth, the source of all this information, being through her husband's side, one of the relatives of Nārāyan Chandra, a descendent of Manmōhan Chandra. When I revisited this city in 1912, the widowed wife of Kidār Nath who had no male issue by her deceased husband, found the further preservation of the few remaining books a burden and willingly presented them to me in the sanguine hope of their utility in some way or the other. Of these the Tantrasāra written on very old Kashmiri paper in Shārada characters is bound in one cover with ten more books.[1] All of them appear to have been copied by one and the same scribe, Krishna Swami, as stated by himself at the end of Mahānaya Prakāsh, one of the books of this collection, in two Shlokas which run thus:—

'महानयप्रकाशोऽयं चित्रितः कृष्णस्वामिना ।
स्वात्मार्थं साधकार्थं च महार्थस्य प्रकाशकः ॥
शुभे भाद्रपदे मासि तिथौ पर्वणि चोत्तमे ।
वर्षे सूर्यमिते जीवे समाप्तिमगमच्छुभः ॥'

इति ।

1.—(a) Janma Maraṇa Vichāra; (b) Amaraugha Shāsan; (c) Mahānaya Prakāsha; (d) Kāma-kalā-Vilās; (e) Vatūla Nātha Sūtra Vṛitti ; (f) Munimata Vārtikam, (g) Bhavopahāra-stotram Savivaraṇam, (h) Spanda Vivṛiti by Rām Kaṇṭha, (i) Ajaḍa Pramātri Siddhi, (j) Spanda Vṛitti by Kallaṭa.

It is generally correct and abounds in marginal notes. It has been made the principle basis in preparation of this edition.

At the same time it is a great pleasure to me to say that among the Pandits of this Department Rājānaka Maheshvara who assisted me in going through the proofs, has my thanks.

Last though not least I gratefully acknowledge the promptitude and efficacy with which the Proprietor, Nirnaya-Sāgar Press, Bombay, carried this work through the Press.

But it is the Kashmir Durbar to whose liberal policy in matters of research into ancient Sanskrit Literature every credit is due in bringing out the literary books of this Department.

SRINAGAR,
Dated 20th Nov. 1918.

MAHÂMAHOPÂDHYÂYA,
PANDIT MUKUND RÂM SHÂSTRÎ.
Officer I/C Research Department,
Jammu and Kashmir State.

ABSTRACT.

The individual self is the Supreme Self or God Himself, but with the only difference of being enwrapped with the veil of ignorance resulting from Mala or impurity (classified under three heads, *viz.* Āṇava or littleness or limitation as regards self-knowledge; Māyīya or that caused by illusion; and Kārma being the outcome of our deeds, good or ill).

That the individual self should realise himself as the Supreme Self, the All-powerful Lord (Parama Shiva), who is beyond time and space, dwelling in all beings but unaffected withal, like a crystal reflecting various hues, sets forth in Āgama Shāstras or revelations of divine authorship what is called Jñāna or knowledge of oneself as the Supreme Self. With the obtainment of Jñāna the trammels of Mala as alluded to above are cut asunder by dawning of the divine light on the individual self.

Shaivāgama coming under the category of Āgama Shāstras forms a short cut towards the approach of Advaita Jñāna or knowledge of the Supreme Self (Parama Shiva) as identical with that of the individual self.

Just as the renaissance of the Vedānta system of Philosophy was brought about by the great expounder of the system, Shankara, generally known as Shankarāchārya, in exactly the same manner the exposition of the Advaita Shaivāgama owes all its credit to the great preceptor, Abhinava Gupta, who following in every minute detail the principles as laid down in the Mālinīvijaya Tantra, a leading work of Shaivāgama, composed the voluminous work of Tantrāloka which, as the name implies, is a cyclopaedia of Shaivāgama. Considering the volume of the Tantrāloka as onerous to less assiduous people of later generations the aforesaid Abhinava Gupta epitomised the contents thereof in what is called the Tantrasāra, the subject of our discourse. In a prelude to the Tantrasāra the author points out the necessity of the work in a verse which runs thus:—

'विततस्तन्त्रालोको विगाहितुं नैव शक्यते सर्वैः ।
ऋजुवचनविरचितमिदं तु तन्त्रसारं ततः शृणुत ॥'

इति । [1]

In stating the aims of the book the author adds:—

'अज्ञानं किल बन्धहेतुरुदितः शास्त्रे मलं तत्स्मृतं
पूर्णज्ञानकलोदये तदखिलं निर्मूलतां गच्छति ।
ध्वस्ताशेषमलात्मसंविदुदये मोक्षश्च तेनामुना
शास्त्रेण प्रकटीकरोमि निखिलं यज्ज्ञेयतत्त्वं भवेत् ॥'

इति । [2]

It will be interesting for the reader to know that the present work lays down two ways by which the individual self can realise how he is identical with the Supreme Self. One way leads to this end irrespective

---

1 "My Tantrāloka is much voluminous and as such its thorough study will be trying to people of less assiduous habits. The Tantrasāra which is an epitome of the Tantrāloka will on a small scale be as useful to the reader as the latter work."

2 "Ignorance is said to be verily the cause of all worldly trammels. It has been termed as Mala or impurity in the Shāstras. With the knowledge of oneself as the Supreme Self such Mala is reduced to nothing, and the stage thus arrived at is called Mōksha or freedom from miseries caused by Mala. I expose the means for obtaining such Mōksha in this Shāstra. Herein the reader will find a brief explanation of the Tattvas or principles, the knowledge whereof is indispensable for Self-realisation."

of the performance of religious rites and ceremonies, while the other constitutes the three Upāyas or means (Shāmbhava, Shākta and Āṇava) based respectively on Ichchhā, Jñāna and Kriyā Shaktis of the Supreme Lord. In this connection the author adds :—

'आत्माप्रकाशवपुरेष शिवः स्वतन्त्रः
स्वातन्त्र्यनर्मरभसेन निजं स्वरूपम् ।
संच्छाद्य यत्पुनरपि प्रथयेत पूर्णं
तच्च क्रमाक्रमवशादथ वा त्रिभेदात् ॥'

इति । [1]

This book is divided into 22 ahnikas (ahnika, signifying literally the work done in a day) and for the reader's facility the author finishes each ahnika or chapter by one shloka, giving therein a gist of his detailed discourse. For the reader's information a very brief summary of the 22 ahnikas is given below :—

The first treats of the various kinds of Vijñāna or the highest knowledge.

The second shows how by stability of meditation on the significance of the all-important word, Aham, the individual self can realise his oneness with the Supreme Self.

The third emphasises the Shāmbhavupāya as the means for attainment of the highest Bliss.

The fourth dwells upon the Shākhtupāya as the way leading to the same goal.

---

1 "The All-knowing Lord, Who is All-complete, suffers Himself, as it were, to be enveloped by Māyā (illusory power) and appear in the form of the Jīva or individual self and to enable this Jīva to recognise his identity with the Supreme Self brings to light the path of Jñāṇa in the three ways named above."

In the fifth the author deals with the Āṇavupāya giving a detailed account of the functions of the Prāna and the Apāna, the two vital spirits of the body, in the form of recitation of prayers, postures of the body and contemplation of mind.

The sixth contains an elaborate description of the Kālādhva or the significance of Kāla or time, beginning from the second, the minute, the hour, the night, the day, the tithī (time from one moon-rise to another moon-rise), the month, the year, in short up to the Mahā Pralaya (dissolution of the whole universe) as based on the working of the Prāṇa, and shows thereby the way of recognition.

The seventh shows how by stability of meditation on the significance of the Tattvas, (*viz.* from Pṛithvī Tattva to Shaktī Tattva), enwrapped as they are with the five-fold aspects of Parama Shiva's power and glory—Nivṛitti, Pratishṭha, Vidyā, Shāntā and Shantyatītā—and on the relation existing between them and the Kālāgni-Rudra and other representatives of the Lord's supremacy as also on the extent etc., of all the Bhuvanās, the individual self can realise oneself as the Supreme Self. This is known as kalādhvā.

The eighth deals with the way of contemplation on the above-mentioned Tattvas and shows how by attain-ingperfection of knowledge therein, the vision of the Highest Reality dawns on the mind of the individual self.

In the ninth the forms of all the Tattvas, taken one by one, are described and it is distinctly stated that stability of meditation thereon is the way to recognition of oneself as Parama Shiva.

The tenth describes the three ways—Padādhvā, Mantrādhvā and Varaṇādhvā—as penetrable in Kalādhva referred to above, and laying special stress on their relation with the Lord's five-fold power and glory, points out the means for Self-knowledge.

In the eleventh it has been decidedly shown that the benevolence of Parama Shiva is necessary for one to become worthy of initiation which is another way for attainment of Mōksha by means of knowledge of the Highest Reality.

The twelfth deals with the ordinances of bathing, so to speak, in divine waters, as preliminary requisites of initiation.

The thirteenth ascertains means as to test of efficiency of a certain disciple, termed "Samayī", for initiation as also of "Dīkshā Yajña" or rites connected therewith.

The fourteenth likewise subjects to examination another disciple by name "Putrak" and prescribes the various courses of initiation which he must go through as a preliminary measure.

The fifteenth contains the "Samut Kramaṇa Dīkshā", or initiation, by his descendants, for one about to die but desirous of being initiated by grace of the Lord.

The sixteenth shows the way of initiation for him who is dead or missing in another country. Such initiation can alone be made by the special grace of his guru or preceptor.

The seventeenth enjoins how a man of another religious denomination can, if he so desire, be initiated in Shaivaism after being freed from his former belief.

The eighteenth formulates the way in which an initiate can obtain the position of a guru.

The nineteenth ordains re-initiation for one already initiated but having apostatised under circumstances beyond his control, as also initiation, on his death, for the other who may be desirous of obtaining this end but may die before accomplishment of his heartfelt desire.

The twentieth lays down the various religious ordinances for an initiate, such as recitation of the Mantrās, study of the Scriptures, redemptions for regulation of his conduct, adoration of his guru etc., etc.

The twenty-first proves how among the Shāstrās the Shaivāgama is to be looked upon as an authority.

The twenty-second enunciates the internal and external forms of "Kula Yajña" or the special modes of worship towards the Highest Reality.

Mahāmāhēshvara Abhinava Gupta, the author of this work, is silent as to the date of its composition. But as, in his great work Tantrāloka, he often quotes from Īshvara Pratyabhijña Vimarshinī, which, he himself says, was written by him in the year 4115 of the Kali age, corresponding to 1014 A. D., it follows that the former was composed after the year 1014 A. D. Now the date of composition of the Tantrasāra which is an epitome of the Tantrāloka must necessarily be some time later than 1014 A. D.

As to the lineage of Abhinava Gupta and a brief history of his age as well as of his literary activity, as recorded by himself in his Tantrāloka and other books, the reader's attention is invited to my introduction on Parā-Trimshikā, forming volume XVIII of this Series.

SRINAGAR,
KASHMIR.
The 20th Nov. 1918.

Mahāmahopādhyāya,
PANDIT MUKUND RĀM SHĀSTRĪ.
Officer I/C Research Department,
Jammu and Kashmir State.

2

ओं तत्सत्संविद्वपुषे परप्रकाशशंकराय नमः ।

अथेयं

श्रीतन्त्रसारग्रन्थस्य

भूमिका

(१) आनन्देच्छाचिज्ज्ञानक्रियात्मपञ्चशक्तिसंपन्नो वस्तुत इच्छाज्ञानक्रियाख्यसमस्तकृत्यकारिमुख्यत्रिशक्तियुक्तोऽनवच्छिन्न-प्रकाशस्वरूपो निजानन्दविश्रान्तः परमशिवः स्वात्मावरणार्थक-मायाशक्तिपर्यायस्वस्वातन्त्र्यात्स्वात्मानं संकुचितमवभासयन् स्वरू-पापहस्तनोत्तरं मलावृत्या नटवल्लीलया भिन्नः 'अणुः' इत्युच्य-मानः संपद्यते ।

(२) स एव स्वतन्त्रचिन्मूर्तिर्नित्यो व्यापकः सर्वाकारनि-राकारस्वभावः शुद्धप्रकाशात्मा शिवः स्वात्मन एव स्वरूपाद्भिन्न-तयेवावभासितस्य तस्याणोरज्ञानहेतुकजन्ममरणादिसांसारिकदुर्द-शाबन्धादुन्मुमोचयिषया स्वातन्त्र्यात् ज्ञानमार्गप्रदर्शनेन स्वात्म-स्वरूपप्रकाशनोत्तरमनवच्छिन्नप्रकाशशिवरूपतां प्रकाशयति ।

(३) स ज्ञानमार्गश्च तस्याणोरनुजिघृक्षया परमशिवेनैवाग-मरूपः प्रकटीकृतोऽस्ति ।

(४) आगमेषु च मुख्यतया सुगमाद्वैतज्ञानावाप्तिफलकः वर्तत्कालानुकूलः शैवागमो वरीवर्ति, तत्र प्रधानभूतस्य मालिनी-विजयतन्त्रस्य सरणिमनुसृत्य स्वस्वरूपज्ञानसाधनसमस्तपद्धतिसंग्र-हात्मानन्यापेक्षः सुस्पष्टः सारसंग्रहभूतस्तन्त्रालोकाभिख्यग्रन्थः 'वेदान्तदर्शनस्येव श्रीशंकराचार्यमूर्त्यावतीर्णशंकरेण' शैवागमो-द्दिधीर्षया पुनरवतीर्णसाक्षाच्छंकरमूर्तिनैव श्रीमन्महामाहेश्वराचा-

र्यवर्य–श्रीमदभिनवगुप्ताचार्येण यो निर्माय प्रकाशितः, तस्य विस्तीर्णतामुपलक्ष्य पुरोभाविनां प्रायेण सर्वेषां मन्दोद्योगमन्दसमाधानादिसत्तया सर्वैर्विगाहितुमशक्यतासमीक्षणात् उक्ततन्त्रालोकवर्तिसमस्तविषयसारभूतोऽयमेकतमः **तन्त्रसारा**भिख्यो ग्रन्थः प्रशंसिताचार्यवर्यैरेव विरचितोऽस्ति, यदस्य प्रारम्भ एव तेषामित्थं प्रतिज्ञानम्—

'विततस्तन्त्रालोको विगाहितुं नैव शक्यते सर्वैः ।
ऋजुवचनविरचितमिदं तु तन्त्रसारं ततः शृणुत ॥'

इति ।

(५) तदत्र संबन्धाधिकारिप्रयोजनात्मकानुबन्धाभिधानोत्तरं विवक्षितविषयार्थापनमुपोद्घातात्प्राक् ।

'अज्ञानं किल बन्धहेतुरुदितः............ ।'

इत्यनेन प्रारम्भिकपद्येन प्रतिपादितमस्ति ।

(६) तदस्मिन् शास्त्रे अणोः स्वस्वरूपावाप्तिफला ज्ञेयतत्त्वज्ञानावाप्तिः निरुपाया सोपाया च निर्दिष्टास्ति, तत्र सोपायत्वे इच्छा-ज्ञान-क्रियाप्राधान्येन शांभवशाक्ताणवभेदेन समावेशाभ्युपायः

'आत्मा प्रकाशवपुः................ ।'

इति पद्येन त्रिविधः समाम्नातोऽस्ति । इत्थं प्रथमाह्निके विज्ञानभेदो निर्णीतः । पुरस्ताच्च सर्वेष्वाह्निकेषु स्वस्वसंवादितविषयोऽन्ततः संग्रहश्लोकैरुपदिष्टो वर्तते ।

(७) अथ द्वितीयस्मिन्नाह्निके अनुपायप्रक्रियया विश्वमयाहंपरामर्शानुत्तरज्ञानविवेकदार्ढ्यात् स्वस्वरूपसमावेशमार्गो निरूपितः ।

(८) तृतीयस्मिन्सोपायप्रक्रियया उक्तसमावेशफलकशांभवोपायमार्गप्रकाशनम् ।

(९) चतुर्थे स्वस्वरूपसमावेशावाप्त्यै एव शाक्तोपायपद्धतिप्रदर्शनम् ।

(१०) पञ्चमे प्रोक्तसिद्ध्यर्थमेव सूर्यसोमात्मकप्राणापानसंयोग्युच्चारकरणध्यानादिनिष्पत्तिप्रदर्शनोत्तरम् आणवोपायपद्धत्यनुशासनम् ।

(११) षष्ठे षड्विधाध्वनां प्रक्रियानिर्णयारिरिप्सया प्राणचाराधारेणोद्यत्त्रुटि-क्षण-घटी-मुहूर्त-रात्रिन्दिव-तिथि-मास-वर्षादि-महाप्रलयान्तकालसंचारतत्प्रयोजनादिनिरूपणपद्धत्या स्वरूपसमावेशफलकतद्विमर्शस्य भुवनाध्वपर्यायकालाध्वनो निरूपणम् ।

(१२) सप्तमे क्षितितत्त्वादारभ्य यावच्छक्तितत्त्वं निवृत्ति-प्रतिष्ठा-विद्या-शान्ता-शान्त्यतीताख्यपारमेश्वरकलापञ्चकव्याप्तियोगिनां क्रमेणोर्ध्वोर्ध्ववर्तिकालाग्निरुद्रादीनां तदधिष्ठितसमस्तभुवनानां तत्परिमाणादीनां च संविद्योगिताविमर्शदार्ढ्यात् प्रोक्तस्वरूपसमावेशाप्तिफलकथनोत्तरं देशाध्वनिरूपणम् ।

(१३) अष्टमे पूर्वोक्ततत्त्वानां यथायथं स्थितिनिरूपणोत्तरं तद्विमर्शपद्धति-तत्स्वरूपनिर्देशनया उक्तसिद्धिफलकविमर्शस्य तत्त्वाध्वनो व्याख्यानम् ।

(१४) नवमे उक्तस्वरूपाप्तिफलकविमर्शपूर्णानुभवस्य सुस्पष्टपद्धतिप्रदर्शनोत्तरमुक्ततत्त्वाध्ववर्तितत्त्वानां भेदस्य निरूपणम् ।

(१५) दशमे कलाध्वान्तर्वर्तिपदाध्व-मन्त्राध्व-वर्णाध्वनां विमर्शपद्धतिनिर्णयोत्तरं पूर्वोक्तनिवृत्त्यादिपारमेशपञ्चशक्तीनां स्थित्यादिनिरूपणम् ।

(१६) एकादशे स्वस्वरूपपरिज्ञानान्मुक्तिसाधनविशेषस्य विवक्षितदीक्षाकर्मणः प्रथमतः प्रधानाङ्गभूतस्याधिकारिविषयस्वतन्त्रपारमेश्वरशक्तिपातस्यानन्यापेक्षतया प्रतिपादनम् ।

(१७) द्वादशे उक्तदीक्षाकर्मणः स्वरूपनिर्णयपूर्वकं प्रारम्भिकसाधनालौकिकस्नानादिविधिनिरूपणम् ।

(१८) त्रयोदशे समयिनः (नित्यमासत्तया पालनीयतदनुसारिसमस्तसदाचारस्य शिष्यविशेषस्य) अधिकारित्वनिर्देशनोत्तरं यागविशेषविधिनिरूपणम् ।

(१९) चतुर्दशे पुत्रकं (शिष्यविशेषम्) अधिकृत्य विधेयदीक्षायाः तदनुष्ठेयपूजादिविधेश्च संक्षिप्य निरूपणम् ।

(२०) पञ्चदशे अदीक्षितस्यासन्नमरणस्य आयातशक्तिपातस्य स्वयं बन्धुमुखेन वा समुत्क्रमणदीक्षाख्यसप्रत्ययदीक्षाविधाननिरूपणम् ।

(२१) षोडशे परोक्षस्य (दीक्षासंस्काराभीप्सया विहितसद्गुरुसेवस्य तत्प्राङ्मृतस्य, अथ वा दूरदेशान्तरं गत्वा अज्ञातजीवद्वार्तस्य) अनुजिघृक्षुणा गुरुणा विधेयदीक्षाविधिनिरूपणम् ।

(२२) सप्तदशे संप्रदायान्तरे दीक्षाख्या प्राग्लब्धतदनुसारिमन्त्रलिङ्गाद्याचारस्य, अन्तरा पारमेशशक्तिपातादुत्पन्नशैवदीक्षासंस्काराभीप्सस्य पूर्वसंस्कारहापनोत्तरं विधेयदीक्षाविधिनिरूपणम् ।

(२३) अष्टादशे संपन्नदीक्षस्य साधकत्वे गुरुत्वे वाधिकारितां सम्यग्विज्ञाय तदङ्गभूताभिषेकविधिनिरूपणम् ।

(२४) एकोनविंशे संपन्नदीक्षस्य समयाचारलोपे प्रायश्चित्तासंपत्तौ, तथा नित्यं तदभीप्सोः प्रत्यूहसमापातेनासंपन्न-

दीक्षासंस्कारस्य च मृतिसमये अन्त्यसमयविधेयदीक्षाविधिनिरूपणम् ।

(२५) विंशे दीक्षाप्तेरुत्तरं परिपाल्याचारस्य साधनीयकर्मणश्च, तथा अवश्यानुष्ठेयार्चनादिविशेषाणां पर्वदिवसानां, तथा पवित्रकविधि-व्याख्याविधि-आचारप्रायश्चित्तविधि-गुरुपूजाविधीनां च संनिदेशनम् ।

(२६) एकविंशे अस्य शास्त्रस्य मुख्यतया प्रामाण्यप्रतिपादनम् ।

(२७) द्वाविंशे बाह्याभ्यन्तरादिविशेषविशेषितकुलयागविधिनिरूपणम् । इति ॥

अथास्य ग्रन्थस्य विरचनकालः साक्षात्तयात्र न निर्दिष्टः, स तु गम्यते इत्थं-प्रक्रियया संकलनेन — यदेतद्ग्रन्थकृदाचार्यवरैरीश्वरप्रत्यभिज्ञाविवृतिविमर्शिनीग्रन्थविशेषः विरचितोऽस्ति, तत्र अनन्तः

'अन्त्ये युगांशे तिथिशशिजलधिस्थे मार्गशीर्षावसाने'

इति पद्यांशेन कलियुगातीतपञ्चदशाधिकैकचत्वारिंशशतमितः संवत्सरकालस्तद्विरचनसंबन्धी स्वयमेव निर्दिष्टोऽस्ति

(यः ईस्वी संवत् १०१४ समायाति)

तदनु परात्रिंशिकाग्रन्थविवरणं च काश्मीरमहाराजयशस्करमन्त्रिणः श्रीवल्लभाभिख्यस्य पौत्रकर्णाभिख्यस्वशिष्यस्य कृते प्रशंसिताचार्यवरैरेव विरचितं,

यशस्कर राज्यकालश्च कलियुगगताब्दे ४०४१ आरभ्य यावत् ४०५० समभूत् ।

तत्कालानन्तरं च तन्त्रालोकग्रन्थः प्रोक्ताचार्यवरैर्विरचितः समस्ति, यतस्तद्ग्रन्थे पूर्वविरचितेश्वरप्रत्यभिज्ञाविमर्शिनीवाक्यानि परात्रिंशिकावाक्यानि च अन्तरान्तरा यथोपयोगमुपन्यस्तानि दरीदृश्यन्ते,

अयं तन्त्रसारग्रन्थश्च विरचितपूर्वतन्त्रालोकस्यैव विषयार्थ-संक्षेपरूपः प्रसिद्धः, तस्मात्संभवति कलियुगद्वाचत्वारिंशशत्य-पूर्वभागवर्ती अस्य ग्रन्थस्य विरचनकालः संसिद्धः ।

अन्यत्स्वीयवृत्तं विततप्रायं तन्त्रालोकादिग्रन्थेषु प्रशंसिताचार्यवरैः स्वयमेवाभिख्यातमस्ति, अस्माभिश्चैषत्तया परात्रिंशिकाग्रन्थभूमिकायां प्रकाशितमिति ।

अथास्य विशिष्टदार्शनिकरहस्यग्रन्थस्य गुप्तपूर्वस्य प्रकाशनाय संगृहीतपुस्तकानामितिवृत्तम् ।

तत्र प्रथममेकमादर्शपुस्तकं श्रीराजानकसुदर्शनवराणां यत् विक्रमसंवत्सरे १९०३ मिते लिखितं शारदाक्षराङ्कितं नातिशुद्धं कुत्रकुत्रचिन्मध्यतस्त्रुटयुपेतं च ७२ पत्रमितमस्ति, प्रथमतस्तदाधारेण कार्यालयेऽवतारितम् ।

द्वितीयं दाक्षिणात्यप्रसिद्धश्रीरेवतीरमणनामकब्रह्मचारिणा प्राक्कश्मीरेष्वागत्य न्युष्टेनावतार्य समुच्चितगुप्तशैवागम-तन्त्रशास्त्राणां पुस्तकसंग्रहसंबन्धि देवनागराक्षराङ्कितं १९३२ मिते वैक्रमाब्दे लिखितं ४८ मितपत्रात्मकमन्त्यपत्रत्रयन्यूनतयासंपूर्णमशुद्धप्रायं च ।

तृतीयं त्वतिप्राचीनमनुमितिसिद्धे ४६०३ मिते लौकिकसंवत्सरे (यः ईस्वी संवत् १५२७ समायाति) लिखितं शारदाक्षराङ्कितं चास्ति, यदाधारेणैवान्ततः संशुद्धि-पूर्ति-पर्यायोपन्या-

सादिसंस्कारं विधायास्माभिर्मुद्राप्य प्रकाशितमिदं पुस्तकम् । यदि च शत्यसंख्यामृते एव संवत् ३ इति लिपिकालोऽत्र दृश्यते तत्र ४६ षट्चत्वारिंशशत्यानुमानमित्थं संभाव्यते— यत् शाहिजहानस्य भारतसाम्राज्यकाले मोहनचन्द्राभिख्यः काश्मीरिकः पण्डितविशेषः कश्मीरेभ्यो निर्गत्य दिल्लीप्रदेशे राजतः प्रकृतिभ्यश्च संप्राप्तसंमानयोगक्षेमादिवृत्तिकस्तत्रैव स्थिर-वास्तव्यतामधिगत्य पश्चात्स्वीयकुटुम्बं पूर्वपुरुषसंगृहीतपुस्तकादि-द्रव्यजातं च काश्मीरनिवेशात् नीतवान्, तानि च पुस्तकानि तद्गृहे संरक्षितानि कालपर्ययात्तद्वंश्यपण्डितनारायणचन्द्रगेहात्त-न्मृतिमनु तदधिकारिणोऽन्यस्यासंभवात् तत्संबन्धी केदारना-थाभिख्यो विद्वानागरादेशवास्तव्यः स्वीकृतवान्,

कालान्तरे स केदारनाथोऽपि निर्वंश एव मृतः । अथ प्रसङ्गतः १९५२ मिते वैक्रमाब्दे आगराप्रदेशं गतेन मया अनन्यसंततेर्वृद्धायाः केदारनाथपत्न्या मुखात्संश्रुतसकलेतिवृत्तानि श्रुतपञ्चमांशप्रायावशेषाणि तानि पुस्तकानि समवलोकितान्यासन् ।

ततश्च १९६८ मिते वैक्रमाब्दे पुनर्मया आगराप्रदेशं गतेन दृष्टपूर्वेभ्योप्यल्पावशेषाणि तानि पुस्तकानि दृष्टानि परीक्षक-निरीक्षकतज्ज्ञाभावाद्यावत्तल्लिप्यक्षरमात्रज्ञान्यभावात्तादृगवस्थापत्ति-खेदाविष्कारप्रसङ्गोत्थानोत्तरं तावन्मात्राणां रक्षासंपत्त्यत्यभीप्सया केदारनाथसधर्मिण्या सप्रसादं मह्यं समर्पितानि, तेषु यद्यदनुप-योग्यसम्यङ्नष्टबहुभागं वाभूत्तदपहाय गुप्तरहस्यशैवागमप्रायाण्य-न्यत्रासुलभानि कतिचित् पुस्तकानि मया पुनरपि कश्मीराना-नीतानि ।

तेष्वेवेदमेकतमं पुस्तकमन्यग्रन्थैर्युगपत्संबद्धं वर्तते, तान्य-

३

न्यान्यं[१]प्येतत्समबद्धपुस्तकानि कृष्णस्वामिनाम्ना काश्मीरिकपण्डितेन शारदाक्षराङ्कितानि लिखितानि सन्ति, एतच्चैतत्पुस्तकसमलेखसमबद्ध 'महानयप्रकाश' ग्रन्थान्ततस्तल्लिखितपद्यद्वयेन

'महानयप्रकाशोऽयं चित्रितः कृष्णस्वामिना ।
स्वात्मार्थं साधकार्थं च महार्थस्य प्रकाशकः ॥
शुभे भाद्रपदे मासि तिथौ पर्वणि चोत्तमे ।
वर्षे सूर्यमिते जीवे समाप्तिमगमच्छुभः ॥'

इत्यनेन संज्ञायते । लिपिन्यासाश्रयकाश्मीरकाकजपत्राणामतिजीर्णतया, प्रायश्चतुःशतवर्षपूर्वकाले लिपौ तथारीतिकस्वरमात्राचिह्नोपन्याससंदर्शनेन चोपरिनिर्दिष्टो लिपिकालः संप्रतीयते इति ।

तदेतस्य लघुप्रायस्यापि प्रतिपदभरितबहुलरहस्यज्ञानमार्गप्रकाशकविशिष्टदार्शनिकग्रन्थस्योद्दिष्टादर्शपुस्तकाधारेण कार्यालयनियुक्त पं० हे[२]रभट्टशास्त्रिणः, पं० गोवर्धनशर्म पं० महेश्वरराजानकाभिधपण्डितयोश्च कृत्यावतारणादिकर्मणा विशेषतस्तृतीयस्मान्मुद्र्यमाण(प्रूप)पत्रशोधनादिसहायकर्मणा साह्यमवलम्ब्य समाप्तप्रकाशनस्य संग्रहणोत्तरं तत्त्वजिज्ञासारसिकसंस्कृतसद्विद्वांसः समाधानेन तत्त्वार्थविवेकदार्ढ्यापत्त्या दुःखहानिपूर्वकपरमसुखावाप्तिफलरसास्वादचमत्कृतिमनुभवन्तु ।

१–(१) जन्ममरणविचारः (२) अमरौघशासनम् (३) महानयप्रकाशः (४) कामकलाविलासः (५) वातूलनाथसूत्रवृत्तिः (६) मुनिमतवार्तिकम् (७) भावोपहारस्तोत्रं सविवरणम् (८) तन्त्रसारः (९) स्पन्दकारिकाविवृतिः रामकण्ठाचार्यकृता (१०) अजडप्रमातृसिद्धिः (११) स्पन्दवृतिः श्रीकल्लटाचार्यकृता ।

२ बहुकालबहुव्ययबह्वायाससाधितपुस्तकानामवतारणोत्तरमपहृत्येतरबलिष्ठबाह्यजनद्वारा प्रकाशनचिकीर्षया सर्वथोदासीनविरुद्धकर्मवृत्तेः ।

सफलयन्तु चैतादृङ्नष्टोद्धारसत्कर्मणे प्रसक्तकाश्मीराधीश्वरप्रशंसनोत्तरं मामकीनं परिश्रमम् ।

निर्णयसागरमुद्रणालयाध्यक्षेभ्य आस्माकीनैतादृशग्रन्थजातप्रकाशने शुद्धस्पष्टमनोहरमुद्रणकर्मणा या साह्यसंपत्तिरवाप्ता तदर्थं ते धन्यवादपुरःसरं प्रशंस्यन्ते इति ।

इत्यहमभ्यर्थये सहृदयसज्जनेषु

म० म० पं० मुकुन्दरामशास्त्री

ओं तत्सत्स्वात्मसंविद्वपुषे शंभवे नमः ।

अथ

तन्त्रसारः ।

श्रीमन्महामाहेश्वराचार्यवर्य-श्रीमदभिनवगुप्तविरचितः ।

प्रथममाह्निकम् ।

विमलकलाश्रयाभिनवसृष्टिमहा जननी
भरिततनुश्च पञ्चमुखगुप्तरुचिर्जनकः ।
तदुभययामलस्फुरितभावविसर्गमयं
हृदयमनुत्तरामृतकुलं मम संस्फुरतात् ॥ १ ॥

१ विमलेति, मम आत्मनो हृदयं जगदानन्दादिशब्दवाच्यं तथ्यं वस्तु संस्फुरतात् कालत्रयावच्छेदशून्यत्वेन विकसतात्, तच्च कीदृगित्याह—तदुभयेति, तत्सामरस्यात्मनः संघट्टात् स्फुरितभावः परानपेक्षत्वेन स्वत एव उल्लसितसत्ताकः यो बहिरुल्लिलसिषास्वभावो विसर्गः स प्रकृतिर्यस्य तत् तादृशम्, अनुत्तरामृतकुलमिति—अनुत्तरमुत्कृष्टं च तत् अविद्यमानं मृतं यत्र तत् कुलं शरीरं यस्य तत् अमाख्यकलास्वरूपमित्यर्थः । तदुभयमाह जननी जनकश्चेति—विगता मला अवच्छेदका यस्याः तादृशी या कला परविमर्शैकस्वभावकर्तृतालक्षणा सा आश्रय आलम्बनं स्वरूपं यस्याः सा शुद्धस्वातन्त्र्यशक्तिरूपा इत्यर्थः, अत एव अभिनवायामाद्यायां शुद्धाध्वमार्गे महसृष्टौ पारिपूर्ण्यलक्षणं तेजो यस्याः सा । जनकश्च कीदृक् भरिततनुः सर्वाकाङ्क्षाविरहात् पूर्णस्वभावः अनन्योन्मुखतया स्वतन्त्र इति यावत्, अत एव पञ्चभिश्चिदादिशक्त्या-

विततस्तन्त्रालोको विगाहितुं[2] नैव शक्यते सर्वैः ।
ऋजुवचनविरचितमिदं तु तन्त्रसारं ततः शृणुत ॥ २ ॥

श्रीशंभुनाथ[3]भास्करचरणनिपातप्रभापगतसंकोचम् ।
अभिनवगुप्तहृदम्बुजमेतद्विचिनुत महेशपूजनहेतोः ॥३॥

इह ज्ञानं[4] मोक्षकारणं बन्धनिमित्तस्य अज्ञानस्य विरोधकत्वात्[5]; द्विविधं च अज्ञानं

त्मकैर्मुखैः शक्तिभिर्गुप्ता प्रबन्धेनानुवर्तमाना रुचिः पञ्चकृत्यविषयोऽभिलाषो यस्यासौ । अथ च ग्रन्थकर्तुरभिनवगुप्तस्य विमलाभिधाना जननी नरसिंहगुप्ताख्यश्च जनक, इति–तयोरपि शिवशक्तिसमावेशमयत्वाद्विमर्शनम् ॥ १ ॥

२ विगाहितुं विवेक्तुमिति यावत्, सर्वैरिति अकृततीक्ष्णतर्कशास्त्रपरिश्रमैः, ऋजुवचनेति ऋजुता चात्र तीक्ष्णतर्काभावात् ।

३ श्रीशंभुनाथो हि ग्रन्थकर्तुस्त्रिकशास्त्रोपदेष्टा गुरुः स एव भास्करः परमात्मा सूर्यश्च, तस्य चरणे ज्ञानक्रिये किरणाः पादाश्च तेषां निपातेन प्रभास्फुरत्तया अपगतसंकोचं स्वस्वरूपविकसत्तया विद्योतमानं अभिनवगुप्तस्य हृदम्बुजं, यथा हि सूर्यकिरणनिपातेन अम्बुजं विकसति तथा श्रीशंभुनाथचरणप्रभया विकसितं हृदयं लक्षणया तन्निर्गतं शास्त्रं च । अनेनास्य प्रकाशस्य स्वरूपविमर्शात्मकत्वमेव स्वरूपमिति भङ्ग्या निरूपितम्, तदेतत् विचिनुत महेशस्य पूजनं स्वात्मतया प्रत्यभिज्ञानं तद्धेतोः, एतद्विवेचनं महेश्वरप्रत्यभिज्ञानफलमित्यर्थः । महेश्वरतालाभे हि किमन्येन फलेन इत्यभिप्रायः ।

४ ज्ञानं–पूर्णप्रथारूपम् ।

५ अज्ञानविरोधकत्वेन ज्ञानं मोक्षकारणम् नहि एतयोर्वस्तुतः कार्यकारणभावः संभवति, पूर्णप्रथैव सर्वथा मुक्तिरिति हि शैवसिद्धान्तः, न तु नैयायिकवत् ज्ञानादिशक्तयोऽस्य भिन्नतयाभ्युपगम्यन्ते । यदुक्तं ।

पं० ३ ख० पु० प्रभावगतसंकोचम् इति पाठः ।

बुद्धिगतं पौरुषं च; तत्र बुद्धिगतम् अनिश्चय[६]-स्वभावं, विपरीतनिश्चयात्मकं[७] च । पौरुषं तु विकल्पस्वभावं संकुचितप्रथात्मकं, तदेव च मूलकारणं संसारस्य इति वक्ष्यामो मलनिर्णये । तत्र पौरुषम् अज्ञानं दीक्षादिना[८] निवर्तितापि, किं तु दीक्षापि बुद्धिगते अनध्यवसायात्मके अज्ञाने सति न संभवति—हेयोपादेयनिश्चयपूर्वकत्वात् तत्त्वशुद्धिशिवयोजनारूपाया दीक्षाया इति । तत्र अध्यवसायात्मकं बुद्धिनिष्ठमेव ज्ञानं प्रधानम्, तदेव च अभ्यस्यमानं पौरुषमपि अज्ञानं निहन्ति, विकल्पसंविदभ्यासस्य अविकल्पान्ततापर्यवसानात् । विकल्पासंकुचितसंवित्प्रकाशरूपो हि आत्मा शिव-

'मोक्षो हि नाम नैवान्यः स्वरूपप्रथनं हि सः ।
स्वरूपं चात्मनः संवित् ··· ··· ··· ··· ··· ॥'

इति ।

६ तात्त्विकस्वभावस्याज्ञानमनिश्चयः ।

७ अनात्मनि आत्माभिमानो विपरीतनिश्चयः ।

८ 'दीयते ज्ञानसद्भावः क्षीयते पशुवासना ।'
इत्येवं-लक्षणा दीक्षा, आदिना शेषतया वर्तमानं संध्योपासनादि ।

पं॰ ७ ख० पु० 'हेयोपादेयविमर्शेति' ग० पु० विकल्पेति च पाठः ।
पं० १२ ख० पु० अविकल्पासंकुचितेति पाठः ।

स्वभाव इति सर्वथा समस्तवस्तुनिष्ठं सम्यङ्-निश्चयात्मकं ज्ञानमुपादेयम् । तच्च शास्त्रपूर्व-कम्[९] । शास्त्रं च परमेश्वरभाषितमेव प्रमाणम् । अपर[१०]शास्त्रोक्तानामर्थानां तत्र वैविक्त्येन अभ्यु-पगमात् तदर्था[११]तिरिक्तयुक्तिसिद्धनिरूपणाच्च, तेन अपरागमोक्तं ज्ञानं तावत एव बन्धात् विमोचकम्, न सर्वस्मात्, सर्वस्मात् तु विमो-चकं परमेश्वरशास्त्रं, पञ्चस्रोतो [मयं[१२]] दशाष्टा-दशवस्वष्टभेदभिन्नम् । ततोऽपि सर्वस्मात् सारं षडर्धशास्त्राणि । तेभ्योऽपि मालिनीविजयम् । तदन्तर्गतश्चार्थः संकलय्याशक्यो निरूपयि-तुम् । न च अनिरूपितवस्तुतत्त्वस्य मुक्तत्वं मोचकत्वं वा, शुद्धस्य ज्ञानस्यैव तथारूपत्वात्

---

९ न तु अनुमानगम्यमिति शेषः ।

१० बौद्धवैष्णवादिभिः स्वस्वाम्नायेष्वनुशिष्टानाम् ।

११ ते च ते अर्था अपरशास्त्रोक्ता बौद्धवैष्णवादिशास्त्राभिहिताः तेभ्यो-ऽतिरिक्ता विलक्षणा या युक्तिः समस्तनीलसुखादिरूपबाह्याभ्यन्तरवस्तु-निष्ठप्रमान्वेषणद्वारकप्रमातृलाभरूपा तन्निष्पन्नं यद्वस्तु विकल्पासंकुचित-पूर्णप्रथारूपं शिवतत्त्वाख्यं तस्य निरूपणात् ।

१२ चिदानन्देच्छाज्ञानक्रियामय-ईशतत्पुरुषसद्योजातवामदेवाघोररू-पाणि पञ्च स्रोतांसि तन्मयं शास्त्रं, भेदाभिधायका दश शिवभेदाः, भेदाभेदाभिधायका अष्टादश रुद्रभेदाः, अभेदाभिधायकाः वसुभिरष्टभि-र्गुणिता अष्टौ चतुःषष्टिः भैरवभेदाः ।

इति । स्वभ्यस्तज्ञानमूलत्वात् परपुरुषार्थस्य तत्सिद्धये इदम् आरभ्यते

अज्ञानं किल[13] बन्धहेतुरुदितः शास्त्रे मलं तत्स्मृतं
पूर्णज्ञानकलोदये तदखिलं निर्मूलतां गच्छति ।
ध्वस्ताशेषमलात्मसंविदुदये मोक्षश्च तेनामुना
शास्त्रेण प्रकटीकरोमि निखिलं यज्ज्ञेयतत्त्वं भवेत् ॥

उपोद्धातः[14] ।

तत्र इह[15] स्वभाव एव परमोपादेयः, स च सर्वभावानां[16] प्रकाशरूप एव अप्रकाशस्य[17] स्वभावतानुपपत्तेः, स च नानेकः प्रकाशस्य तदितरस्वभावानुप्रवेशा[18]योगे स्वभावभेदाभा-

१३ किलेति सर्ववादिविप्रतिपत्तौ, अज्ञानं स्वस्वरूपप्रच्युतिः, शास्त्रे शिवसूत्रादौ, तदेव अज्ञानं मलं स्मृतम् आणव-मायीय-कार्मभेदभिन्नम्, तदिति अज्ञानम्, अखिलमिति त्रिविधम् निर्मूलतां संस्कारस्यापि विरहम्, तेनेति हेतुना ।

१४ उप इति आत्मनः समीपे टङ्कवदीश्वराभिज्ञानं हन्यते विश्रम्यते येन इत्युपोद्घातः ।

१५ इह दर्शने ।

१६ भावानां प्रकाश एव रूपं न तु नीलतादि इति भावः ।

१७ यदप्रकाशरूपं तन्न प्रथते अस्य तु स्वभावता कुत एव स्यात् ।

१८ प्रकाशस्य यदि तदितरस्वरूपोऽनुप्रविशेत् तदा तस्य भेदः स्यात् यथा घटाकारानुप्रवेशेन मृदाकारस्येति भावः ।

पं० १ ख० पु० मूलत्वात्मन इति पाठः ।

वात्; देशकालावपि च अस्य न भेदकौ, तयोरपि तत्प्रकाशस्वभावत्वात्, इति एक एव प्रकाशः, स एव च संवित्, अर्थ-प्रकाशरूपा हि संवित् इति सर्वेषामत्र अवि-वाद एव । स च प्रकाशो न परतन्त्रः, प्रका-श्यतैव हि पारतन्त्र्यम्, प्रकाश्यता च प्रका-शान्तरापेक्षितैव, न च प्रकाशान्तरं किंचित् अस्ति इति स्वतन्त्र एकः प्रकाशः, स्वातन्त्र्यादेव च देशकालाकारावच्छेदविरहात् व्यापको नित्यः सर्वाकारनिराकारस्वभावः, तस्य च स्वातन्त्र्यम् आनन्दशक्तिः, तच्चमत्कार इच्छा-शक्तिः, प्रकाशरूपता चिच्छक्तिः, आमर्शात्म-कता ज्ञानशक्तिः, सर्वाकारयोगित्वं क्रियाशक्तिः इत्येवं मुख्याभिः शक्तिभिः युक्तोऽपि वस्तुत इच्छाज्ञानक्रियाशक्तियुक्तः अनवच्छिन्नः प्रका-शो निजानन्दविश्रान्तः शिवरूपः, स एव स्वातन्त्र्यात् आत्मानं संकुचितम् अवभासयन् अणुरिति उच्यते । पुनरपि च स्वात्मानं स्वतन्त्रतया प्रकाशयति, येन अनवच्छिन्नप्रका-शशिवरूपतयैव प्रकाशते । तत्रापि स्वातन्त्र्य-

वशात् अनुपायमेव स्वात्मानं प्रकाशयति सोपायं वा, सोपायत्वेऽपि इच्छा वा ज्ञानं वा क्रिया वा अभ्युपाय इति त्रैविध्यं शाम्भव-शाक्ताणवभेदेन समावेशस्य, तत्र चतुर्विधमपि एतद्रूपं क्रमेण अत्र उपदिश्यते ।

आत्मा प्रकाशवपुरेष शिवः स्वतन्त्रः
स्वातन्त्र्यनर्मरभसेन निजं स्वरूपम् ।
संच्छाद्य यत्पुनरपि प्रथयेत पूर्णं
तच्च क्रमाक्रमवशादथवा त्रिभेदात् ॥ ५ ॥

---

*एहु पआसऊउ अत्ताणत
सच्छन्दउ ढक्कइ णिअऊउ ।
पूणु पअढइ झडि अह कमवस्व
एहत परमत्थिण शिवरसु ॥

इति श्रीमदभिनवगुप्ताचार्यविरचिते तन्त्रसारे विज्ञानभेद-प्रकाशनं नाम प्रथममाह्निकम् ॥ १ ॥

---

* छाया
'एष प्रकाशरूप आत्मा स्वच्छन्दो ढौकयति निजरूपम् ।
पुनः प्रकटयति झटिति अथ क्रमवशाद् एष परमार्थेन शिवरसम् ।'

पं० १० क० पु० पहासऊउ इति पाठः
पं० १२ क० पु० पअथुइ इति पाठः ।

अथ द्वितीयमाह्निकम् ।

अथ अनुपायमेव[1] तावत् व्याख्यास्यामः । यदा खलु दृढशक्तिपाताविद्धः स्वयमेव इत्थं विवेचयति सकृदेव गुरुवचनम् अवधार्य, तदा पुनरुपायविरहितो[2] नित्योदितः अस्य समावेशः । अत्र च तर्क एव योगाङ्गम् इति कथं विवेचयति इति चेत्,? उच्यते – योऽयं परमेश्वरः स्वप्रकाशरूपः स्वात्मा तत्र किम् उपायेन क्रियते, न स्वरूपलाभो नित्यत्वात्, न ज्ञप्तिः स्वयंप्रकाशमानत्वात्, न आवरण-विगमः आवरणस्य कस्यचिदपि असंभवात्, न तदनुप्रवेशः अनुप्रवेष्टुः व्यतिरिक्तस्य अभावात् । कश्चात्र उपायः तस्यापि व्यतिरिक्तस्य अनुपपत्तेः, तस्मात् समस्तमिदमेकं चिन्मात्र-तत्त्वं कालेन अकलितं, देशेन अपरिच्छिन्नम्,

---

१ अत्र अनुदरा कन्या इतिवत् नञोऽल्पार्थत्वम् ।

२ वक्ष्यमाणोपायरहितः स्वयमेवेत्यर्थः ।

पं० ४ ख० पु० तत्रानुपायमिति पाठः ।

पं० ८ ख० पु० स्वभावलाभ इति पाठः ।

पं० ९ ख० पु० स्वयंप्रकाशत्वादिति पाठः ।

पं० ११ ख० पु० अभावादिति पाठः ।

उपाधिभिरम्लानम्, आकृतिभिरनियन्त्रितं, शब्दैरसंदिष्टं, प्रमाणैरप्रपञ्चितं, कालादेः प्रमाणपर्यन्तस्य स्वेच्छयैव स्वरूपलाभनिमित्तं च, स्वतन्त्रं आनन्दघनं तत्त्वं, तदेव च अहम् तत्रैव अन्तर्मयि विश्वं प्रतिबिम्बितम् एवं दृढं विविञ्चानस्य शश्वदेव पारमेश्वरः समावेशो निरुपायक एव, तस्य च न मन्त्र-पूजा-ध्यान-चर्यादिनियन्त्रणा[३] काचित् ।

उपायजालं न शिवं प्रकाशयेद्
घटेन किं भाति सहस्रदीधितिः ।
विवेचयन्नित्थमुदारदर्शनः
स्वयंप्रकाशं शिवमाविशेत्क्षणात् ॥ ६ ॥

*जहि जहि फुरण फुरइ सो सअलउ
परमेसरु भासइ मइ अमलउ ।
अत्ता नत सो श्वि परमत्थिण
इअ जानअ कज्ज परमत्थि ण ॥

इति श्रीमदभिनवगुप्ताचार्यविरचिते तन्त्रसारे अनुपाय-
प्रकाशनं नाम द्वितीयमाह्निकम् ॥ २ ॥

३ इदं कार्यमिदं न कार्यमिति नियमो नियन्त्रणा ।

* छाया
'यत्र यत्र स्फुरणं स्फुरति स सकलः परमेश्वरो भासते मयि अमलः ।
आत्मा स एव परमार्थेन इति ज्ञात्वा कार्यं परमस्ति न ॥

पं० २ क० पु० असंदष्टमिति पाठः ।
२

अथ तृतीयमाह्निकम् ।

अथ शाम्भवोपायः ।

यदेतत् प्रकाशरूपं शिवतत्त्वम् उक्तम्, तत्र अखण्डमण्डले यदा प्रवेष्टुं न शक्नोति, तदा स्वातन्त्र्यशक्तिमेव अधिकां[1] पश्यन् निर्विकल्पमेव भैरवसमावेशम् अनुभवति, अयं च अस्य उपदेशः,–सर्वमिदं भावजातं बोधगगने प्रतिबिम्बमात्रं प्रतिबिम्बलक्षणोपेतत्वात्, इदं हि प्रतिबिम्बस्य लक्षणं–यत् भेदेन भासितम् अशक्तम् अन्यव्यामिश्रत्वेनैव भाति तत् प्रतिबिम्बम्[2], मुखरूपमिव दर्पणे, रस इव दन्तो-

---

१ अधिकामिति कल्पनामात्रेण, न हि वस्तुतो वस्तुनः स्वभावोऽतिरिच्यत इति भावः ।

२ यथोक्तम् ।

'हन्त मुखं प्रतिबिम्बति प्रतिबिम्बयतु तथा तदपि दर्पणः ।
दर्पणः पुनर्यस्मिन् प्रतिबिम्बति सोऽपि ज्ञातव्यः ॥'

इति महार्थमञ्जर्याम् । तथा

'सदृशं भाति नयनदर्पणाम्बरवारिषु ।
तथाहि निर्मले रूपे रूपमेवावभासते ॥
प्रच्छन्नरागिणी कान्तप्रतिबिम्बितसुन्दरम् ।
दर्पणं कुचकुम्भाभ्यां स्पृशन्त्यपि न तृप्यति ॥'

दके, गन्ध इव घ्राणे, मिथुनस्पर्श इव आनन्देन्द्रिये, शूलकुन्तादिस्पर्शो वा अन्तःस्पर्शनेन्द्रिये, प्रतिश्रुत्केव व्योम्नि । न हि स रसो मुख्यः तत्कार्यव्याधिशमनाद्यदृष्टेः । नापि गन्धस्पर्शौ मुख्यौ गुणिनः तत्र अभावे तयोरयोगात् कार्यपरम्परानारम्भात् च । न च तौ न स्तः देहोच्छूलनविसर्गादिदर्शनात् । शब्दोऽपि न मुख्यः कोऽपि वक्ति इति आगच्छन्त्या इव प्रतिश्रुत्कायाः श्रवणात् । एवं यथा एतत् प्रतिबिम्बितं भाति तथैव विश्वं परमेश्वरप्रकाशे । ननु अत्र बिम्बं[३] किं स्यात्?, माभूत् किंचित् । ननु किम् अकारणकं तत्? हन्त तर्हि हेतुप्रश्नः – तत् किं बिम्बवाचोयुक्त्या, हेतुश्च परमेश्वरशक्तिरेव स्वातन्त्र्यापरपर्याया भविष्यति, विश्वप्रतिबिम्बधारित्वाच्च विश्वात्मकत्वं भगवतः, संविन्मयं हि विश्वं

---

३ बिम्बलक्षणं यथा
'अव्यामिश्रं स्वतन्त्रं सद्भासमानं मुखं यथा ।'

पं० २ ख० पु० स्थूलशून्यादिस्पर्शो वा इति पाठः ।
पं० १० क० पु० बिम्बप्रतिबिम्बेति पाठः ।
पं० ११ ख० पु० परमेश्वरस्वरूपं नाना स्पष्टमिति पाठः ।

चैतन्यस्य व्यक्तिस्थानम् इति, तदेव हि विश्वम् अत्र प्रतीपम् इति प्रतिबिम्बधारित्वम् अस्य, तच्च तावत् विश्वात्मकत्वं परमेश्वरस्य स्वरूपं न अनामृष्टं भवति, चित्स्वभावस्य स्वरूपानामर्शनानुपपत्तेः । स्वरूपानामर्शने हि वस्तुतो जडतैव स्यात्, आमर्शश्च अयं न सांकेतिकः, अपि तु चित्स्वभावतामात्रनान्तरीयकः परनादगर्भ उक्तः, स च यावान् विश्वव्यवस्थापकः[४] परमेश्वरस्य शक्तिकलापः तावन्तम् आमृशति । तत्र मुख्यास्तावत् तिस्रः परमेश्वरस्य शक्तयः—अनुत्तर-इच्छा-उन्मेष इति, तदेव परामर्शत्रयम् अ-इ-उ इति, एतस्मादेव त्रितयात् सर्वः शक्तिप्रपञ्चः चर्च्यते, अनुत्तर एव हि विश्रान्तिरानन्दः, इच्छायाम्[५]एव विश्रान्तिः ईशनम्,

४ 'शक्तयोऽस्य जगत् सर्वम्' इत्युक्त्या शक्तीनां विश्वव्यवस्थापकत्वम्।

५ इच्छाशक्तेर्लक्षणं यथा

'संघट्टेऽस्मिंश्चिदात्मत्वाद्यत्तत्प्रत्यवमर्शनम् ।
इच्छाशक्तिः························ ॥

पं ६ ख० पु० वस्तुनो जडता इति पाठः ।

उन्मेष[६] एव हि विश्रान्तिरूर्मिः यः क्रिया-शक्तेः प्रारम्भः, तदेव परामर्शत्रयम् आ-ई-ऊ इति । अत्र च प्राच्यं परामर्शत्रयं प्रकाश-भागसारत्वात् सूर्यात्मकं, चरमं परामर्शत्रयं विश्रान्तिस्वभावाह्लादप्राधान्यात् सोमात्मकम्, इयति यावत्कर्मांशस्य अनुप्रवेशो [७]नास्ति । यदा तु इच्छायाम् ईशने च कर्म अनुप्रविशति यत् तत् इष्यमाणम् ईश्यमाणम् इति [८]च उच्यते, तदा अस्य द्वौ भेदौ प्रकाशमात्रेण रश्रुतिः, विश्रान्त्या लश्रुतिः, रलयोः प्रकाश-स्तम्भ[९]स्वभावत्वात्, इष्यमाणं च न बाह्यवत् स्फुटम्, स्फुटरूपत्वे तदेव निर्माणं स्यात्, न इच्छा ईशनं वा, अतः अस्फुटत्वात् एव श्रुति[१०]मात्रं रलयोः, न व्यञ्जनवत् स्थितिः ।

---

६ यदुक्तम्

'स्वात्मप्रत्यवमर्शो यः प्रागभूदेकवीरकः ।
ज्ञातव्यविश्वोन्मेषात्मा ज्ञानशक्तिः प्रकीर्त्यते ॥'

७ क्रियाशक्त्यंशस्य ज्ञानशक्तिप्राधान्यात् इत्यर्थः ।

८ यदुक्तम्

'इच्छाशक्तिर्द्विरूपोक्ता क्षुभिताक्षुभिता च या ।
इष्यमाणं हि सा वस्तु द्वैरूप्येणावभासयेत् ॥'

९ स्तम्भः स्थैर्यमित्यर्थः ।

१० न साक्षाद्वर्णः ।

तदेतद्वर्णचतुष्टयं उभयेच्छायाधारित्वात्[11] नपुंसकम्—ऋ-ॠ-ऌ-ॡ इति । अनुत्तरानन्दयोः इच्छादिषु यदा प्रसरः तदा वर्णद्वयम् ए-ओ इति । तत्रापि पुनरनुत्तरानन्दसंघट्टात् वर्णद्वयम् ऐ-औ इति । सा इयं क्रियाशक्तिः, तदेव च वर्णचतुष्टयम् ए-ऐ ओ-औ इति । ततः पुनः क्रियाशक्त्यन्ते सर्वं कार्यभूतं यावत् अनुत्तरे प्रवेक्ष्यति[12], तावदेव पूर्वं संवेदनसारतया प्रका-

---

११ बीजयोनिरूपत्वादुभयत्वम् । अत एव नरसिंहवज्जात्यन्तरमिति महाभाष्यकारः

१२ तथा च मालिनीवार्तिके

'अनुत्तरात्समारभ्य ज्ञानशक्त्यन्तमीदृशम् ।
इच्छैव तु क्रियाशक्तिमीशनेन समास्थिता ॥
प्रकाशस्थितिलेशांशं गृह्णती गण्यतां गता ।
इच्छादि यच्च तत्पूर्वानुत्तरानन्दसंगतेः ॥
तदादिश्लेषयोगेन संध्यक्षरचतुष्टयम् ।
ततः स्वरूपसंवित्तिलाभाद्बिन्द्वादिका स्थितिः ।
ततः समग्रसंदर्भभरिताकाररूपिणि ।
विसर्गः किल शाक्तोऽसौ विक्षेप इति यः स्मृतः ॥
विसर्गस्यैव विश्लेष इति सप्तदशी कला ।
क्वचिदष्टादशी सैव पुनः प्रक्षोभयोगतः ॥
अनुत्तरस्याकारस्य परभैरवरूपिणः ।
अकुलस्य परा येयं कौलिकी शक्तिरुत्तमा ॥
स एवायं विसर्गस्तु तस्माज्जातमिदं जगत् ।
तस्य प्रक्षोभयोग्यत्वं प्रक्षोभकलनोदयः ॥

शमात्रत्वेन बिन्दुतया आस्ते – अमिति । तत-
स्तत्रैव अनुत्तरस्य विसर्गो जायते – अः इति ।
एवं षोडशकं परामर्शानां बीजस्वरूपम् उच्यते ।
तदुत्थं व्यञ्जनात्मकं योनिरूपम् । तत्र[१३] अनुत्त-

प्रक्षोभपूर्णताभावात्तदकुलक्रमोनता ।
इति पङ्क्तस्वरूपात्मविमर्शान्दोलनोदितम् ॥
अनुत्तरस्वभावत्वादाद्यस्यैव विजृम्भितम् ।
स एव भगवानन्तर्नित्यं प्रस्फुरदात्मकः ॥
अन्तःस्थसर्वभावौघपूर्णमध्यमशक्तिकः ।
स्वेच्छाक्षोभस्वभावोद्यज्जगदानन्दसुन्दरः ॥
नित्यं स्फुरति संपूर्णविसर्गरससुन्दरः ।
शिवशक्त्योः स संघट्टः स्नेह इत्यभिधीयते ॥
अत्रैव पूर्णवैसर्गपदे लब्धुं प्रवेशनम् ।
लेहनामन्थनेत्यादि संप्रदायमुपासते ॥
तथाहि मध्यमां नाडीमधिष्ठायाखिलं वपुः ।
प्राणयत्परमं तेजः प्रक्षुब्धामृतमान्यतः ॥
विसृष्टिरूपतां गच्छेद्यात्यानन्दचमत्क्रियाम् ।
अपूर्णा केवलं सा तु पूर्णा तु भगवन्मयी ॥
तेन वैसर्गिकी शक्तिरेकैवेयं विजृम्भते ।
विसर्ग एव प्रक्षुब्धः प्रयत्नद्विगुणत्वतः ॥
हकारो नाम विश्वेषां व्यञ्जनानां प्रसूतिकृत् ।
स एव च पुनर्बिन्दुयोगात् स्वामेव भूमिकाम् ।
अनुत्तरामाश्रयते सोहं-भाव इहेष्यते ॥'

इति ।

१३ तथाहि

पं० ४ ख० पु० तदुक्तामिति पाठः ।

रात् कवर्गः, अक्षुब्धायाः इच्छायाः चवर्गः, सकर्मिकाया इच्छाया द्वौ टवर्गस्तवर्गश्च, उन्मेषात् पवर्गः—शक्तिपञ्चकयोगात् पञ्चकत्वम्। इच्छाया एव त्रिविधाया य-र-लाः, उन्मेषात् वकारः, इच्छाया एव त्रिविधायाः श-ष-साः, विसर्गात् हकारः, योनिसंयोगजः क्षकारः। इत्येवम् एष भगवान् अनुत्तर एव कुलेश्वररूपः। तस्य च एकैव कौलिकी विसर्गशक्तिः, यया आनन्दरूपात् प्रभृति इयता बहिःसृष्टिपर्यन्तेन प्रस्पन्दतः वर्गादिपरामर्शा एव बहिस्तत्त्वरूपतां प्राप्ताः[१४]। स च एष विसर्गस्त्रिधा,

'अकुलात्पदशक्त्यात्मा प्रथमो वर्ग उत्थितः।
अनारूपितरूपाया इच्छायाश्च ततः परम्॥
वह्निक्ष्माजुषस्तस्य ट-ताद्यं च द्वयं ततः।
पादिरुन्मेषतो जात इति स्पर्शाः प्रकीर्तिताः॥
इच्छाशक्तिर्द्विधा या च क्षुभिताक्षुभितत्वतः।
सा विजातीयशक्त्यंशः प्रोन्मुखे याति यत्र ताम्॥
सैव शीघ्रतरोपात्तज्ञेया कालुष्यरूषिता।
विजातीयोन्मुखत्वेन रत्वं लत्वं च गच्छति॥
तद्वदुन्मेषशक्तिर्द्विरूपा वैजात्यशक्तिगा।
वकारत्वं·········सृष्टिसारप्रवर्तकम्॥'

इति मालिनीवार्तिके एव।

१४ अकारादि विसर्गान्तं शिवतत्त्वम्, कादि-ङान्तं धरादि-नभोन्तं

पं० १० क० पु० प्रसृताः, ककारादि इति, कवर्गादि इति च पाठः।

आणवः[15] चित्तविश्रान्तिरूपः, शाक्तः चित्तसंबोधलक्षणः, शांभवः चित्तप्रलयरूपः इति । एवं विसर्ग एव विश्वजनने भगवतः शक्तिः । इत्येवम् इयतो यदा निर्विभागतया एव परामर्शः तदा एक एव भगवान्, बीजयोनितया भागशः परामर्शे शक्तिमान् शक्तिश्च । पृथक् अष्टकपरामर्शे चक्रेश्वरसाहित्येन[16] नववर्गः, एकैकपरामर्शप्राधान्ये पञ्चाशदात्मकता । तत्रापि संभवद्भाग[17]भेदपरामर्शने एकाशीतिरूपत्वम् । वस्तुतस्तु षट् एव परामर्शाः, प्रस-

---

भूतपञ्चकम्, चादि-ञान्तं गन्धादि-शब्दान्तं तन्मात्रपञ्चकम्, टादि-णान्तं पादादि-वागन्तकर्मेन्द्रियपञ्चकम्, तादि-नान्तं घ्राणादि-श्रोत्रान्तं बुद्धिकरणपञ्चकम्, पादि-मान्तं मनोऽहंकार-बुद्धि-प्रकृति-पुरुषाख्यं पञ्चकम्, वाय्वादिशब्दवाच्या यकारादयो वकारान्ता राग विद्या-कला-मायाख्यानि तत्त्वानि धारणाख्यान्तराणि-धारयन्ति पृथग्भूततयाभिमानयन्तीति धारणानि इति ।

१५ यदुक्तम्

'पूर्वं विसृज्य सकलं कर्तव्यं शून्यतानले ।
चित्तविश्रान्तिसंज्ञोऽयमाणवः संप्रकीर्तितः ॥'

१६ क्षकारसाहित्येन इत्यर्थः ।

१७ भागा अर्धमात्रारूपाः ।

पं० ४ ख० पु० इयति इति पाठान्तरं च ।

३

रणप्रतिसंचरणयोगेन द्वादश[१८] भवन्तः परमेश्व-
रस्य विश्वशक्तिपूर्णत्वं पुष्णन्ति। ता एव एताः
परामर्शरूपत्वात् शक्तयो भगवत्यः श्रीकां[१९]-
लिका इति निरुक्ताः। एते च शक्तिरूपा एव
शुद्धाः परामर्शाः शुद्धविद्यायां परापररूपत्वेन
मायोन्मेषमात्रसंकोचात् विद्याविद्येश्वररूपतां
भजन्ते। मायायां पुनः स्फुटीभूतभेदविभागा
मायीयवर्णतां भजन्ते, ये पश्यन्तीमध्यमावै-
खरीषु व्यावहारिकत्वम् आसाद्य बहीरूपतत्त्व-
स्वभावतापत्तिपर्यन्ताः ते च मायीया अपि
शरीर[२०]कल्पत्वेन यदा दृश्यन्ते, यदा च तेषाम्

---

१८ यदा अनुत्तर आनन्देच्छादिरूपेण प्रसृतस्तदा षट्, पुनर्यदासौ इच्छादिषु प्रतिसंचरंस्तदा एकारादयः षट्, अतः षण्ढस्वरवर्जं द्वादश इति।

१९ कलयन्ति क्रमन्ते इति कालिकाः। यदुक्तम्

'परामर्शात्मकत्वेन विसर्गाक्षेपयोगतः।
इयत्ताकलनाज्ज्ञानात् ताः प्रोक्ताः कालिकाः क्वचित्॥'

इति।

२० मायीया वर्णा जीवरहितं शरीरमिव, तेषां तु परामर्शो जीव इवास्ति अन्यथा तेऽकिंचित्करा इति भावः।

पं० ६ क० पु० विद्येश्वरतारूपा मन्त्ररूपतामिति पाठः। ख० पु० विद्याविद्येश्वरबीजरूपा मन्त्ररूपतामिति पाठान्तरं च।

पं० ९ ख० पु० व्यवहारकारित्वमिति पाठः।

उक्तनयैरेतैः जीवितस्थानीयैः शुद्धैः परामर्शैः प्रत्युज्जीवनं क्रियते तदा ते सवीर्या भवन्ति, ते च तादृशा भोगमोक्षप्रदाः, इत्येवं सकलपरामर्शविश्रान्तिमात्ररूपं प्रतिबिम्बितसमस्ततत्त्वभूतभुवनभेदम् आत्मानं पश्यतो निर्विकल्पतया शांभवेन समावेशेन जीवन्मुक्तता । अत्रापि पूर्ववत् न मन्त्रादियन्त्रणा काचिदिति ।

अन्तर्विभाति सकलं जगदात्मनीह
  यद्वद्विचित्ररचना मुकुरान्तराले ।
बोधः परं निजविमर्शरसानुवृत्त्या
  विश्वं परामृशति नो मुकुरस्तथा तु ॥

---

*संवेअण निम्मल दप्पणसि
  सअलं फुरत्त निअसारं ।
आमरिसण रस सरहस
  विमट्ठरूअं सइं भाइ ॥

---

* अत्रेयं छाया

'संवेदननिर्मलदर्पणेऽस्मिन् सकलं स्फुरन्निजसारम् ।
आमर्शनरससरहस्यविमृष्टरूपं सत्यं भाति ॥

पं० १० ख० पु० निजविमर्शनसारमूर्त्या इति पाठः, ग० पु० विमर्शनसारयुक्त्या इति, सारयोगादिति च पाठान्तरम् ।

*इअ सुणअ विमलमेणं
निअ अप्पाणं समत्थवत्थमअम् ।
जो जोअय सो परभैरइ
बोव्व परणिव्वइं लहइ ॥

इति श्रीमदभिनवगुप्ताचार्यविरचिते तन्त्रसारे शांभवोपाय-
प्रकाशनं नाम तृतीयमाह्निकम् ॥ ३ ॥

---

* इति श्रुत्वा विमलमेनं निजात्मानं समस्तवस्तुमयम् ।
यो योजयति स परभैरवो भूत्वा परनिर्वृतिं लभते ॥'

पं० ५ ख० ग० पु० परोपायप्रकाशनमिति पाठः ।

चतुर्थमाह्निकम् ।

अथ शाक्तोपायः ।

तत्र यदा विकल्पं क्रमेण संस्कुरुते[1] समनन्तरोक्तस्वरूपप्रवेशाय, तदा भावनाक्रमस्य सत्तर्कसदागमसद्गुरूपदेशपूर्वकस्य अस्ति उपयोगः । तथाहि—विकल्पबलात् एव जन्तवो बद्धम् आत्मानम् अभिमन्यन्ते, स अभिमानः संसारप्रतिबन्धहेतुः, अतः प्रतिद्वन्द्विरूपो विकल्प उदितः संसारहेतुं विकल्पं दलयति इति अभ्युदयहेतुः । स च एवं-रूपः समस्तेभ्यः परिच्छिन्नस्वभावेभ्यः शिवान्तेभ्यः तत्त्वेभ्यो यत् उत्तीर्णम् अपरिच्छिन्नसंविन्मात्ररूपं तदेव च परमार्थः, तत् वस्तुव्यवस्थास्थानं, तत् विश्वस्य ओजः, तेन प्राणिति विश्वम्, तदेव च अहम्, अतो विश्वोत्तीर्णो विश्वात्मा च अहम् इति । स च अयं

१ गुणान्तरोत्पादनं संस्कारः, स चाभ्यासातिशयतारतम्येन भवति ।

पं० ६ ख० पु० संसारप्रबन्धेति 'प्रबन्धः संततिः' इति पर्यायोपेतः पाठः ।

मायान्धानां न उत्पद्यते सत्तर्कादीनाम् अभावात् । वैष्णवाद्या हि तावन्मात्र एव आगमे रागतत्त्वेन नियमिता इति न ऊर्ध्वदर्शनेऽपि तदुन्मुखतां भजन्ते, ततः सत्तर्कसदागमसद्गुरूपदेशद्वेषिण एव । यथोक्तं पारमेश्वरे

'वैष्णवाद्याः समस्तास्ते विद्यारागेण रञ्जिताः ।
न विन्दन्ति परं तत्त्वं सर्वज्ञज्ञानवर्जिताः ॥'

इति । तस्मात् शांभवदृढशक्तिपाताविद्धा[2] एव सदागमादिक्रमेण विकल्पं संस्कृत्य[3] परं स्वरूपं प्रविशन्ति । ननु इत्थं परं तत्त्वं विकल्प्यरूपं स्यात्?, मैवम्—विकल्पस्य द्वैताधिवास-

---

२ यदुक्तम्

'शक्तिः स्वरूपं संदर्श्य यस्मात् सा कृन्तते जगत् ।
एतद्धर्मानुसारेण शक्तिः शक्तिस्तु लौकिकी ॥'

इति तन्त्रकोशे । लौकिकी शक्तिरायुधविशेषः तस्या अप्येतद्धर्मित्वात् ।

३ विकल्पसंस्कारो यथा

'विकल्पः संस्कृतः सूते विकल्पं स्वात्मसंस्कृतम् ।
स्वतुल्यं सोऽपि सोऽप्यन्यं सोऽप्यन्यं सदृशात्मकम् ॥
अस्फुटः स्फुटताभावी प्रस्फुटः स्फुटतात्मकः ।'

इत्यादि ।

पं० ४ क० पु० अप्युन्मुखतामिति पाठः ।

पं० ७ ख० पु० सर्वज्ञं सर्वशक्तिकम् इति पाठः ।

भङ्गमात्रे चरितार्थत्वात्, परं तत्त्वं तु सर्वत्र सर्वरूपतया स्वप्रकाशमेव इति न तत्र विकल्पः कस्यैचित् उपक्रियायै खण्डनायै वा । तत्र अतिदृढशक्तिपाताविद्धस्य स्वयमेव सांसिद्धिकतया सत्तर्क उदेति, योऽसौ देवीभिः दीक्षित इति उच्यते । अन्यस्य आगमक्रमेण इत्यादि सविस्तरं शक्तिपातप्रकाशने वक्ष्यामः । किं तु गुरोरागमनिरूपणे व्यापारः, आगमस्य च निःशङ्कसजातीयतत्प्रबन्धप्रसवनिबन्धनसमुचितविकल्पोदये व्यापारः, तथाविधविकल्पप्रबन्ध एव सत्तर्क इति उक्तः, स एव च भावना भण्यते अस्फुटत्वात् भूतमपि अर्थम् अभूतमिव स्फुटत्वापादनेन भाव्यते यया इति । न च अत्र सत्तर्कात् शुद्धविद्याप्रकाशरूपात् ऋते अन्यत् योगाङ्गं[४] साक्षात् उपायः,—तपःप्रभृतेः नियमवर्गस्य, अहिंसादेश्च यमप्र[५]-

---

४ योगाङ्गानि च

'प्राणायामस्तथा ध्यानं प्रत्याहारोऽथ धारणा ।
तर्कश्चैव समाधिश्च षडङ्गो योग उच्यते ॥'

इति तदागमप्रसिद्धानि ।

५ 'अहिंसा सत्यमस्तेयब्रह्मचर्यापरिग्रहाः ।'

इति यमाः ।

कारस्य, पूरकादेः प्राणायामवर्गस्य वेद्यमात्रनिष्ठत्वेन क इव संविदि व्यापारः । प्रत्याहारोऽपि करणभूमिमेव सातिशयां कुर्यात्, ध्यानधारणासमाधयोऽपि यथोत्तरम् अभ्यासक्रमेण निर्वर्त्यमाना ध्येयवस्तुतादात्म्यं ध्यातुः वितरेयुः । अभ्यासश्च परे तत्त्वे शिवात्मनि स्वस्वभावे न संभवत्येव । संविद्रूढस्य प्राणबुद्धिदेहनिष्ठीकरणरूपो हि[६] अभ्यासः—भारोद्वहनशास्त्रार्थबोधनृत्ताभ्यासवत्, संविद्रूपे तु न किंचित् आदातव्यं न अपसरणीयम् इति कथम् अभ्यासः । किं तर्केणापि इति चेत्, उक्तमत्र द्वैताधिवासनिरासप्रकार एव अयं न तु अन्यत् किंचिदिति । लौकिकेऽपि वा अभ्यासे चिदात्मत्वेन सर्वरूपस्य तस्य तस्य देहादेः अभिमतरूपताप्रकटीकरणं तदितररूपन्यग्भावनं च इति एष एव अभ्यासार्थः । परतत्त्वे तु न किंचित् अपास्यम् इति उक्तम् । द्वैताधिवासोऽपि नाम न कश्चन पृथक् वस्तुभूतः अपि तु स्वरूपाख्यातिमात्रं तत्, अतो

६ संविद्रूतं हि प्राणादिनिष्ठं क्रियते इत्येतद्रूपोऽभ्यासः ।

द्वैतापासनं विकल्पेन क्रियत इत्युक्तेः । अयं परमार्थः—स्वरूपं प्रकाशमानम् अख्यातिरूपत्वं स्वयं स्वातन्त्र्यात् गृहीतं क्रमेण प्रोज्झ्य विकासोन्मुखम्, अथ विकसत्, अथ विकसितम् इत्यनेन क्रमेण प्रकाशते, तथा प्रकाशनमपि परमेश्वरस्य स्वरूपमेव, तस्मात् न अत्र योगाङ्गानि साक्षात् उपायः । तर्कं तु अनुगृह्णीयुरपि, सत्तर्क एव साक्षात् तत्र उपायः, स एव च शुद्धविद्या, स च बहुप्रकारतया संस्कृतो भवति, तद्यथा—यागो होमो जपो व्रतं योग इति, तत्र भावानां सर्वेषां परमेश्वर एव स्थितिः, नान्यत् व्यतिरिक्तम् अस्ति इति विकल्परूढिसिद्धये परमेश्वर एव सर्वभावार्पणं यागः, स च हृद्यत्वात्

७ यदाहुः

'किं त्वेतदत्र देवेशि नियमेन विधीयते ।
तत्त्वे चेतः स्थिरीकार्यम्⋯ ⋯ ⋯⋯ ⋯ ॥'

इत्याद्युक्तयुक्त्या तर्कानुग्राहकत्वम् । तथा

'तत्तत्तर्कसाधनस्य यमादेरप्युपायता ।'

इति ।

पं० ११ क० पु० सर्वभावानामिति पाठः ।

४

ये संविदनुप्रवेशं स्वयमेव भजन्ते तेषां सुशकं परमेश्वरे अर्पणम् इत्यभिप्रायेण हृद्यानां कुसुमतर्पणगन्धादीनां बहिरुपयोग उक्तः । सर्वे भावाः परमेश्वरतेजोमया इति रूढविकल्पप्राप्त्यै परमेशसंविदनलतेजसि समस्तभावग्रासरसिकताभिमते तत्तेजोमात्रावशेषत्वसहसमस्तभावविलापनं होमः[९] । तथा उभयात्मकपरामर्शोदयार्थं वाह्याभ्यन्तरादिप्रमेयरूपभिन्नभावानपेक्षयैव एवं-विधं तत् परं तत्त्वं स्वस्वभावभूतम् इति अन्तः परामर्शनं जपः[१०] ।

---

८ यदुक्तम्

> 'यत्किंचिन्मनसाह्लादि यत्र क्वापीन्द्रियस्थितौ ।
> योजिते ब्रह्मसद्माग्नि पूजोपकरणं हि तत् ॥

इति ।

९ यदुक्तम्

> 'सप्तेन्द्रियशिखाजालजटिले जातवेदसि ।
> बोधाख्ये भाववर्गस्य भस्मीभावोऽग्नितर्पणम् ॥'

इति । अन्यत्रापि

> 'यत्रेन्धनं द्वैतवनं मृत्युरेव महापशुः ।
> अलौकिकेन यज्ञेन तेन नित्यं यजामहे ॥'

इति ।

१० यदुक्तम्

> 'अकृत्रिमैतद्धृदयारूढो यत्किंचिदाचरेत् ।
> प्राण्यादौ विमृशेद्वापि स सर्वोऽस्य जपो मतः ॥'

इति ।

सर्वत्र सर्वदा निरुपायपरमेश्वराभिमानलाभाय परमेश्वरसमताभिमानेन देहस्यापि घटादेरपि अवलोकनं व्रतम् । यथोक्तं श्रीनन्दिशिखायाम्

'....................सर्वसाम्यं परं व्रतम् ।'

इति । इत्थं विचित्रैः शुद्धविद्यांशरूपैः विकल्पैः यत् अनपेक्षितविकल्पं स्वाभाविकं परमार्थ-तत्त्वं प्रकाशते तस्यैव सनातनतथाविधप्रका-शमात्रतारूढये तत्स्वरूपानुसंधानात्मा विक-ल्पविशेषो योगः । तत्र परमेश्वरः पूर्णसंवि-त्स्वभावः, पूर्णतैव अस्य शक्तिः,—कुलं सामर्थ्यं ऊर्मिः[11] हृदयं[12] सारं स्पन्दः विभूतिः त्रीशिका[13] काली कर्षणी चण्डी वाणी भोगो दृक् नित्या

११ यदुक्तम्

'किंचिच्चलनमेतावदनन्यस्फुरणं हि यत् ।
ऊर्मिरेषा विबोधाब्धेर्न संविदनया विना ॥'

इति ।

१२ यदुक्तम्

'परामर्शस्वभावत्वादेतस्या यः स्वयं ध्वनिः ।
सदोदितः स एवोक्तो हृदयं परमं महत् ॥'

इति ।

१३ तिसृणां शक्तीनामिच्छा-ज्ञान-क्रियाणामीशिका ईश्वरीति त्रीशिका, अक्षरवर्णनसाम्याच्च त्रिंशिकेत्यपि गुरवः पठन्ति ।

पं० १ ख० पु० निरपायेति पाठः ।

इत्यादिभिः आगमभाषाभिः तत्तदन्वर्थप्रवृत्ताभिः अभिधीयते, तेन तेन रूपेण ध्यायिनां हृदि आस्ताम् इति । सा च समग्रशक्तितादर्शनेन पूर्णतासंवित् प्रकाशते । शक्तयश्च अस्य असंख्येयाः । किं बहुना, यत् विश्वं ता अस्य[१४] शक्तयः, ताः कथम् उपदेष्टुं शक्याः इति । तिस्रणु तावत् विश्वं समाप्यते, यया इदं शिवादिधरण्यन्तम् अविकल्प्यसंविन्मात्ररूपतया बिभर्ति च पश्यति च भासयति च परमेश्वरः सा अस्य श्रीपराशक्तिः । यया च दर्पणहस्त्यादिवत् भेदाभेदाभ्यां सा अस्य श्रीपरापराशक्तिः । यया परस्परविविक्तात्मना भेदेनैव सा अस्य श्रीमदपराशक्तिः । एतत् त्रिविधं यया धारणम् आत्मन्येव क्रोडीकारेण अनुसन्धानात्मना ग्रसते, सा अस्य भगवती श्रीपरैव श्रीमन्मातृसद्भावकालकर्षिण्यादिशब्दान्तरनिरुक्ता । ता एताः चतस्रः शक्तयः स्वातन्त्र्यात् प्रत्येकं त्रिधैव वर्तन्ते । सृष्टौ

१४ अस्य—पूर्णसंविरस्वभावस्य ।

पं०१२ ख० पु० विविक्तताभेदेनेति पाठः ।

स्थितौ संहारे च इति द्वादश भवन्ति । तथाहि—१ संवित् पूर्वम् अन्तरेव भावं कलयति, २ ततो बहिरपि स्फुटतया कलयति, ३ तत्रैव रक्तिमयतां गृहीत्वा ततः तमेव भावम् अन्तरुपसंजिहीर्षया कलयति, ४ ततश्च तदुपसंहारविघ्नभूतां शङ्कां[15] निर्मिणोति च [16]ग्रसते च, ५ ग्रस्तशङ्कांशं भावभागम् आत्मनि उपसंहारेण कलयति, ६ तत उपसंहर्तृत्वं ममेदं रूपमित्यपि स्वभावमेव कलयति, ७ तत उपसंहर्तृ[17]स्वभावकलने कस्यचिद्भावस्य वासनात्मना अवस्थितिं कस्यचित् तु संवि-

१५ शङ्का हि शास्त्रानन्त्यात् कार्याकार्यविभागस्य विपर्ययदर्शनात् किंकर्तव्यतामूढतारूपा ।

१६ यदुक्तम्

'विलापनात्मिकां तां च भावसंहृतिमात्मनि ।
आमृशत्येव येनैषा मया ग्रस्तमिति स्फुरेत् ॥'

इति ।

१७ यदुक्तम्

'विलापितेऽपि भावौघे कंचिद्भावं तथैव सा ।
आश्यानयेद्य एवास्ते शङ्कासंस्काररूपकः ॥'

इति ।

पं० ७ ख० पु० भावभरमिति पाठान्तरं च ।

पं० ११ ख० पु० ग्रसनात्मना इति पाठान्तरं च ।

न्मात्रावशेषतां कलयति, ८ ततः स्वरूपकल-
नानान्तरीयकत्वेनैव करणचक्रं कलयति,
९ ततः करणेश्वरमपि कलयति, १० ततः
कल्पितं मायीयं प्रमातृरूपमपि कलयति,
११ सङ्कोचत्यागोन्मुखविकासग्रहणरसिकमपि
प्रमातारं कलयति, १२ ततो विकसितमपि रूपं
कलयति इति एता द्वादश भगवत्यः संविदः
प्रमातॄन् एकं वापि उद्दिश्य युगपत् क्रमेण
द्विशः त्रिश इत्यादिस्थित्यापि उदयभागिन्यः
चक्रवदावर्तमाना बहिरपि मासकलाराश्यादि-
क्रमेण अन्ततो वा घटपटादिक्रमेणापि भास-
मानाः चक्रेश्वरस्य स्वातन्त्र्यं पुष्णत्यः श्रीका-
लीशब्दवाच्याः । [१८]कलनं च—गतिः क्षेपो ज्ञानं
गणनं भोगीकरणं शब्दनं स्वात्मलयीकरणं च ।
यदाहुः श्रीभूतिराजगुरवः

'क्षेपाज्ज्ञानाच्च काली कलनवशतयाथ···· ।'

इति । एष च अर्थः तत्र तत्र मद्विरचिते विव-

---

१८ यदुक्तम्

'इत्थं भोग्येऽपि संभुक्ते सति तत्करणान्यपि ।
संहरन्ती कलयति द्वादशैवाहमात्मनि ॥'

इति ।

रणे प्रकरणस्तोत्रादौ वितत्य वीक्ष्यः । न अति-रहस्यम् एकत्र ख्याप्यं, न च सर्वथा गोप्यम् इति हि अस्मद्गुरवः । तदेवम् यदुक्तं यागहोमादि तत् एवं-विधे महेश्वर[19] एव मन्तव्यम् । सर्वे हि हेयमेव उपादेयभूमिरूपं विष्णुतः प्रभृति शिवान्तं परमशिवतया पश्यन्ति, तच्च मिथ्यादर्शनम् अवश्यत्याज्यम् अनुत्तरयोगिभिरिति, तदर्थमेव विद्याधिपते[20]ः अनुभवस्तोत्रे महान् संरम्भः, एवं-विधे यागादौ योगान्ते च पञ्चके प्रत्येकं बहुप्रकारं निरूढिः यथा यथा भवति तथैव आचरेत्, न तु[21] भक्ष्याभक्ष्यशुद्ध्यशुद्ध्यादिविवेचनया वस्तुधर्मोज्झितया कल्पनामात्रसारया स्वात्मा खेदनीय इति उक्तं श्रीपूर्वादौ, न हि शुद्धिः वस्तुनो रूपं नीलत्ववत्, अन्यत्र तस्यैव अशुद्धिचोदनात्, दानस्येव दीक्षितत्वे, चोदनातः तस्य तत् तत्र

१९ न तु मायागर्भाधिकारिणि अन्यस्मिन्निति भावः ।

२० आचार्यविशेषस्य ।

२१ वैदिकक्रियामात्रपरत्वे । आदिना कार्याकार्यादि गृह्यते ।

पं० ४ ख० पु० एवं विधमिति पाठः ।

पं० ५ ख० पु० पाशभूमिरूपमिति पाठान्तरं च ।

अशुद्धम् इति चेत् चोदनान्तरे[२२]ऽपि तुल्यं, चोदनान्तरम् असत् – तद्बाधितत्वात्[२३] इति चेत् न, शिवचोदनाया एव बाधकत्वं युक्तिसिद्धं सर्वज्ञानोत्तराद्यनन्तागमसिद्धं च इति वक्ष्यामः । तस्मात् वैदिकात् प्रभृति पारमेश्वरसिद्धान्ततन्त्रकुलोच्छुष्मादिशास्त्रोक्तोऽपि यो नियमो विधिः वा निषेधो वा सोऽत्र यावदकिंचित्कर एव इति सिद्धम् । तथैव च उक्तं श्रीपूर्वादौ, वितत्य तन्त्रालोकात् अन्वेष्यम् ।

यो निश्चयः पशुजनस्य जडोऽस्मि कर्म-
संपाशितोऽस्मि मलिनोऽस्मि परेरितोऽस्मि ।
इत्येतदन्यदृढनिश्चयलाभसिद्ध्या
सद्यः पतिर्भवति विश्ववपुश्चिदात्मा ॥

यथा यथा निश्चय ईदृगाप्यते
तथावधेयं परयोगिना सदा ।
न वस्तुयाथात्म्यविहीनया दृशा
विशङ्कितव्यं शिशुदेशनागणैः[२४] ॥'

---

२२ शिवोदिते । क्रियायां प्रवर्तकं वचनं चोदनेति ।

२३ 'वेदबाह्यस्तु यः कश्चिदागमो वञ्चनैव सा ।'
इत्यनेन बाधितत्वम् ।

२४ अपरमार्थज्ञोपदेशैर्मूर्खोपदेशैरित्यर्थः ।

जह* जह जस्सु जहिँ
　चिव पफुरइ अज्जवसाउ ।
तह तह तस्सु तहिँ
　चिव तारिसु होइ पहाउ ॥ १ ॥

हतं मलिणउ हतं पसु
　हतं आ अह सअलभावपडलवत्तिरित्तउ ।
इअ दढनिच्छअ णिअ लिअ हिअअह
　फुरइ णाम कह जिस्स परतत्त्वउ ॥ २ ॥

परसिवतरणिकिरण-
　दढपातविकासिअ हिअअ कमलए ।
सरहस्स फुरिअ णिअ
　अइसुन्दरपरिमलबोहकरमए ॥ ३ ॥

---

* इयमत्र छाया
यथा यथा यस्य यदा एव प्रस्फुरति अध्यवसायः ।
तथा तथा तस्य तदा एव तादृशो भवति प्रभावः ॥ १ ॥

अहं मलिनः अहं पशुः
　अहं वाथ सकलभावपटलव्यतिरिक्तः ।
इति दृढनिश्चयनिजलिप्तहृदये
　स्फुरति नाम कथं यस्य परतत्त्वम् ॥ २ ॥

परशिवतरणिकिरण-
　दृढपातविकासितहृदयकमले ।
सरहस्यस्फुरितनिज-
　अतिसुन्दरपरिमलबोधक्रमे ॥ ३ ॥

५

हतं सिवणाहु निहिल जअ-
तत्त सुनिब्भरओत्ति विरुरी ।
फुरइ विमरिसभमरि
पपलाअ णिअ लच्छि विभइरी ॥ ४ ॥

(छाया) अहं शिवनाथो निखिलजन-
तत्त्वसुनिर्भर इति विरावं कुर्वन् ।
स्फुरति विमर्शभ्रमरः
प्रकाशनिजलक्ष्यं बिभर्ति ॥ ४ ॥

इति श्रीमदभिनवगुप्ताचार्यविरचिते तन्त्रसारे शाक्तोपाय-
प्रकाशनं नाम चतुर्थमाह्निकम् ॥ ४ ॥

अथ पञ्चममाह्निकम् ।

अथाणवोपायः ।

तत्र यदा विकल्पः स्वयमेव संस्कारम् आत्मनि उपायान्तरनिरपेक्षतयैव कर्तुं प्रभवति, तदा असौ पाशवव्यापारात् प्रच्युतः शुद्धविद्यानुग्रहेण परमेशशक्तिरूपताम् आपन्न उपायतया अवलम्ब्यमानः शाक्तं ज्ञानम् आविर्भावयति । तदेतच्च[1] निर्णीतम् अनन्तर एव आह्निके । यदा तु उपायान्तरम् असौ स्वसंस्कारार्थं विकल्पोऽपेक्षते, तदा बुद्धिप्राणदेहघटादिकान् परिमितरूपान् उपायत्वेन गृह्णन् अणुत्वं प्राप्त आणवं ज्ञानम् आविर्भावयति, तत्र बुद्धिः ध्यानात्मिका, प्राणः स्थूलः सूक्ष्मश्च, आद्य उच्चारणात्मा, उच्चारणं च नाम पञ्च प्राणाद्या वृत्तयः, सूक्ष्मस्तु वर्णशब्दवाच्यो वक्ष्यते, देहः संनिवेशविशेषात्मा

१ शाक्तोपायज्ञानम् ।

पं० ३ क० पु० व्यापारत्वात् इति पाठः ।

करणशब्दवाच्यः, घटादयो बाह्याः कुम्भस्थण्डिललिङ्गपूजाद्युपायतया कीर्तयिष्यमाणाः । तत्र ध्यानं तावत् इह उचितम् उपदेक्ष्यामः, यत् एतत् स्वप्रकाशं सर्वतत्त्वान्तर्भूतं परं तत्त्वम् उक्तं, तदेव निजहृदयबोधे ध्यात्वा, तत्र प्रमातृप्रमाणप्रमेयरूपस्य वह्न्यर्कसोमत्रितयस्य संघट्टं ध्यायेत् यावत् असौ महाभैरवाग्निः ध्यानवातसमिद्धाकारः संपद्यते[२], तस्य प्राक्तनशक्तिज्वालाद्वादशकपरिवृतस्य चक्रात्मनः चक्षुरादीनाम् अन्यतमसुषिरद्वारेण निःसृतस्य बाह्ये ग्राह्यात्मनि विश्रान्तं चिन्तयेत्, तेन च विश्रान्तेन प्रथमं तद्बाह्यं सोमरूपतया सृष्टिक्रमेण प्रपूरितं, ततः अर्करूपतया स्थित्या अवभासितं, ततोऽपि संहारवह्निरूपतया विलापितं, ततः अनुत्तरात्मताम् आपादितं ध्यायेत् । एवं तच्चक्रं समस्तबाह्यवस्त्वभेदपरिपूर्णं संपद्यते । ततो वासनाशेषा-

---

२ यदुक्तम्

'तद्ध्यानारणिसंक्षोभान्महाभैरवहव्यभुक् ।
हृदयाख्ये महाकुण्डे जाज्वलन् स्फीततां व्रजेत् ॥'

इति ।

नपि भावान् तेन चक्रेण इत्थं [३]कृतान् ध्यायेत् । एवम् अस्य अनवरतं ध्यायिनः स्वसंविन्मात्रपरमार्थान् सृष्टिस्थितिसंहारप्रबन्धान् सृष्ट्यादिस्वातन्त्र्यपरमार्थत्वं च स्वसंविदो निश्चिन्वतः सद्य एव भैरवीभावः । अभ्यासात् तु सर्वेप्सितसिद्ध्यादयोऽपि ।

स्वप्रकाशं समस्तात्मतत्त्वं मात्रादिकं त्रयम् ।
अन्तःकृत्य स्थितं ध्यायेद्धृदयानन्दधामनि ॥

तद्द्वादशमहाशक्तिरश्मिचक्रेश्वरं विभुम् ।
[५]व्योमभिर्निःसरद्बाह्ये ध्यायेत्सृष्ट्यादिभावकम् ॥

तद्ग्रस्तसर्वबाह्यान्तर्भावमण्डलमात्मनि ।
विश्राम्यन्भावयेद्योगी स्यादेवं स्वात्मनः प्रथा ॥

इति संग्रहश्लोकाः । इति ध्यानम् ।

---

३ अनुत्तरात्मरूपानित्यर्थः । यदि कस्यचिद्भावस्य वासना शिष्यते तर्हि सापि नश्यतीति तात्पर्यम् ।

४ प्रमाता हि प्रथममवभास्यमानतयार्थं सृजति, ततः कंचित् कालमनुरज्यन् स्थापयति, पश्चात् ज्ञातोऽयमर्थ इति विमृशन्नुपसंहरति अनन्तरमलं-ग्रासयुक्त्या पूर्णतापादनेन चिदग्निसाद्भावमापादयति ।

५ व्योमभिश्चक्षुरादिसुषिरैः ।

पं० १ क० पु० इत्थं तत्त्वानिति पाठः ।

पं० २ क० पु० ध्यानवातप्रवोधिते इति पाठान्तरं च ।

अथ उच्चारः ।

तत्र प्राणम् उच्चिचारयिषुः पूर्वं हृदय एव शून्ये[६] विश्राम्यति, ततो बाह्ये प्राणोदयात्[७], ततोऽपि बाह्यं प्रति अपानचन्द्रापूरणेन सर्वात्मतां[८] पश्यति, ततः अन्यनिराकाङ्क्षो भवति, ततः समानोदयात् संघट्टविश्रान्तिम्[९] अनुभवति, तत उदानवह्न्युदये मातृमेयादिकलना[१०] ग्रसते । तद्ग्रासकवह्निप्रशमे व्यानोदये सर्वावच्छेदवन्ध्यः[११] स्फुरति । एवं शून्यात् प्रभृति व्यानान्तं या एता विश्रान्तयः ता एव निजानन्दो, निरानन्दः, परानन्दो, ब्रह्मानन्दो, महानन्दः, चिदानन्द इति षट् आनन्दभूमय उपदिष्टाः[१२], यासाम् एकः अनुसंधाता

---

६ अशून्यं शून्यमित्युक्तनीत्या निरूपिते शून्ये ।

७ 'प्राक् संवित्प्राणे परिणता' इत्युक्तलक्षणात् ।

८ अपान एवाप्यायनकारित्वाच्चन्द्रः तेन कृतं पूरणं नैराकाङ्क्ष्यम्, तद्दशायां हि प्रमातृगताः प्रमेयांशाः क्रोडीभूय तिष्ठन्ति ।

९ सर्वार्थानामन्योन्यमेलनरूपाम् ।

१० प्राणापानादीनां कलना 'षट्शतानि दिवारात्रौ सहस्राण्येकविंशतिः' इत्युक्त्या निरूपितस्वरूपा ।

११ व्यापकतया सर्वावच्छेदवन्ध्यत्वम् ।

१२ निजानन्दो मातृभूमिगः, निरानन्दः प्रमातृपदान्निष्क्रान्तः, परानन्दो बहिर्मुखत्वात् परेण प्रमेयेण कृतः, ब्रह्मानन्दो नीलसुखादिसर्वा-

उदयास्तमयविहीनः अन्तर्विश्रान्तिपरमार्थ-रूपो जगदानन्दः[१३] । तत् एतासु उच्चारभूमिषु प्रत्येकं द्व्यादिशः सर्वशो वा विश्राम्य अन्यत् तद्देहप्राणादिव्यतिरिक्तं विश्रान्तितत्त्वम् आसादयति । तदेव सृष्टिसंहारबीजोच्चारणरहस्यम् अनुसंदधत् विकल्पं संस्कुर्यात्, आसु च विश्रान्तिषु प्रत्येकं पञ्च अवस्था भवन्ति प्रवे-

---

र्थस्वीकाराद्बृंहकत्वेन ब्रह्मरूपः, महानन्दः प्राणादिक्षोभपरिहारेण महत्त्वविशिष्टः, चिदानन्दः सर्वमयत्वेऽपि तदुत्तीर्णत्वाच्चिद्रूपः । तथाहि श्रीतन्त्रालोके

'निजानन्दः प्रमात्रंशमात्रनिष्ठानिबन्धनः ।
शून्यतामात्रविश्रान्तेर्निरानन्दात्मिका स्थितिः ॥
प्रमेयपदविश्रान्तेः परानन्दोऽप्युदेत्यलम् ।
अनन्तमेयसंघट्टपूर्णे मेये तु सर्वतः ॥
प्रमाणाच्चर्वणायोगान्महानन्द इति स्थितिः ।
समस्तमेयौघकलाकलनाग्रासकोविदः ॥
यदा विश्रान्तिमभ्येति निरुपाधिसुनिर्भराम् ।
तदा खलु चिदानन्दो यो जडानुपबृंहितः ॥
न च यत्र स्थितिः कापि विभक्ता जडरूपिणी ।
यत्र कोऽपि व्यवच्छेदो नास्ति यद्विश्वतः स्फुरत् ॥
यदनाहतसंवित्तिपरमामृतबृंहितम् ।
तदेव जगदानन्दधामास्माकं गुरुर्जगौ ॥'

इति ।

१३ जगता निजानन्दादिरूपेण इति तृतीयाकर्मधारयेण योज्यम् ।

शतारतम्यात् । तत्र प्रागानन्दः[१४] पूर्णतांशस्पर्शात्, तत उद्भवः क्षणं निःशरीरतायां रूढेः, ततः कम्पः स्वबलाक्रान्तौ देहतादात्म्यशैथिल्यात्, ततो निद्रा बहिर्मुखत्वविलयात्[१५] । इत्थम् अनात्मनि आत्मभावे लीने स्वात्मनः सर्वमयत्वात् आत्मनि अनात्मभावो विलीयते इति, अतो घूर्णिः[१६] महाव्याप्त्युदयात् । ता एता जाग्रदादिभूमयः तुर्यातीतान्ताः । एताश्च भूमयः त्रिकोणकन्दहृत्तालूर्ध्वकुण्डलिनीचक्रप्रवेशे भवन्ति । एवम् उच्चारविश्रान्तौ यत् परं स्पन्दनं गलिताशेषवेद्यं,

---

१४ प्रागानन्दः चमत्कारविशेषः, तथा च

'अत्र भावनया देहगतोपायैः परे पथि ।
विविक्षोः पूर्णतास्पर्शात् प्रागानन्दः प्रजायते ॥'

इति । उद्भवः अधस्तनदशाविशेषात् परधामाधिरोहात्मा, निःशरीरतायां रूढेः देहाहंभावाभावे दार्ढ्यात्, कम्पः तद्दार्ढ्यत्यागः, स्वबलस्याहन्तावीर्यस्येति ।

१५ बाह्यवृत्त्युपरमात् ।

१६ दशावस्थाव्युदासो घूर्णिः । तथा च

'ततः सत्यपदे रूढो विश्वात्मत्वेन संविदम् ।
संविदा घूर्णते घूर्णिर्महाव्याप्तिर्यतः स्मृता ॥'

इति ।

पं० १० क० पु० उच्चार्यविश्रान्ताविति पाठः ।

यच्च उन्मिषद्वेद्यं, यच्च उन्मिषितवेद्यं, तदेव लिङ्गत्रयम् इति वक्ष्यामः स्वावसरे । परं चात्र लिङ्गं योगिनीहृदयम् । तत्र मुख्या स्पन्दनरूपता संकोचविकासात्मतया यामलरूपतोदयेन विसर्गकलाविश्रान्तिलाभात् इत्यलम् । अप्रकाशः अत्र अनुप्रवेशः ।

पूर्वं स्वबोधे तदनु प्रमेये
　विश्रम्य मेयं परिपूरयेत ।
पूर्णेऽत्र विश्राम्यति मातृमेय-
　विभागमाश्वेव स संहरेत ॥

व्याप्याथ विश्राम्यति ता इमाः स्युः
　शून्येन साकं षडुपायभूम्यः ।
प्राणादयो व्याननपश्चिमास्त-
　ल्लीनश्च जाग्रत्प्रभृति प्रपञ्चः ॥

अभ्यासनिष्ठोऽत्र तु सृष्टिसंहृद्-
　विमर्शधामन्यचिरेण रोहेत् ।

इति आन्तरश्लोकाः । इति उच्चारणम् ।

पं० ५ क० पु० विसर्गविश्रान्तीति 'कला' पदहीनः पाठः ।

पं० १६ क० पु० विसर्गधामेति पाठः ।

६

अथ सूक्ष्मप्राणात्मा वर्णः ।

अस्मिन् एव उच्चारे स्फुरन् अव्यक्तानुकृतिप्रायो ध्वनिः वर्णः[17], तस्य सृष्टिसंहारबीजे मुख्यं रूपं, तदभ्यासात् परसंवित्तिलाभः, तथाहि—कादौ मान्ते साच्के अनच्के वा अन्तरुच्चारिते[18] स्मृते वा समविशिष्टः संवित्स्पन्दस्पर्शः समयानपेक्षित्वात् परिपूर्णः, समयापेक्षिणोऽपि[19] शब्दाः तदर्थभावका मनोराज्यादिवत्, अनुत्तरसंवित्स्पर्शात् एकीकृतहृत्कण्ठोष्ठो द्वादशान्तद्वयं हृदयं च एकीकुर्यात् इति वर्णरहस्यम् । अन्तःस्फुरद्विमर्शानन्तरस-

---

१७ यदुक्तम्

'उक्तो य एष उच्चारस्तत्र योऽसौ स्फुरन् स्थितः ।
अव्यक्तानुकृतिप्रायो ध्वनिर्वर्णः स कथ्यते ॥'

इति । सर्ववर्णाविभागस्वभावत्वादव्यक्तः, एवंविधो वर्णः क्वोपलभ्यते इत्याशङ्क्याह तस्येति ।

१८ उच्चारिते प्राणोपारोहेण, स्मृते बुद्ध्युपारोहेण ।

१९ उत्तमवृद्धादिना कल्पित इदमस्याभिधेयमिति समयः, तद्वन्तो घटादयः शब्दाः तत्र संविद्यर्थं साक्षात्कुर्वन्ति यथा मनोरथादिषु कान्तादिशब्दाः कामशोकादिना निविडतरं भाव्यमाना असंनिहितमपि स्त्र्यादिंभावं साक्षात् कुर्वन्ति ।

पं० १ क० पु० सूक्ष्मप्राणात्मवर्णा इति पाठः ।

मुद्भूतं सितपीताद्यान्तरं वर्णम् उद्भाव्यमानं संविदम् अनुभावयति इति केचित् ।

वाच्यविरहेण[20] संवित्-
स्पन्दादिन्द्वर्कगतिनिरोधाभ्याम्[21] ।
यस्य तु समसंप्रवेशात्
पूर्णा[22] चिद्बीजपिण्डवर्णविधौ ॥

इति आन्तरश्लोकः । इति वर्णविधिः । करणं तु मुद्राप्रकाशने वक्ष्यामः ।

विकल्पः कस्यापि स्वयमनुपयन्पूर्णमयतां[23]-
मुपायात्संस्कारं व्रजति स उपायोऽत्र बहुधा ।
धियि प्राणे देहे तदनु बहिरित्याणवतया
स निर्णीतो नैषां परफलविधौ कापि हि भिदा[24] ॥

---

२० वाच्यविरहेणेति व्यतिरिक्तवाच्याभावात् ।

२१ बहिःप्रसृत्यन्तर्मुखविश्रान्तिभ्याम् ।

२२ पूर्णा इति अनन्योन्मुखत्वान्निराकाङ्क्षा ।

२३ कस्यापि शक्तिपातवतः, पूर्णमयतामित्यत्र-करोतीति शेषः, उपायात्-शाक्तात् ।

२४ तथा चोक्तं मालिनीविजये

पं० १ ग० पु० तद्भाव्यमानमिति पाठः ।

पं० ५ ख० पु० निजधामसंप्रवेशात् इति पाठः ।

सुण्णउ रविससि दहन
सउ उस्सउ एहु सवीरु ।
उहि अच्छन्तउ परमपउ
पावइ अचिरे वीरु ॥

इति श्रीमदभिनवगुप्ताचार्यविरचिते तन्त्रसारे आणव-
प्रकाशनं नाम पञ्चममाह्निकम् ॥

'उच्चारकरणध्यानवर्णस्थानविकल्पनैः ।
यो भवेत्स समावेशः सम्यगाणव उच्यते ॥'

इति । ननु चोपायवैचित्र्यादुपेयवैचित्र्यमपि स्यादेव कारणवैचित्र्ये कार्यवैचित्र्यवदिति न परतत्त्वलाभ एव सर्वेषां साध्य इत्याह 'नैषां परफलविधौ' इति, यदि च एवं कथं तर्हि उपायवैचित्र्यम्? शक्तिपातवैचित्र्यात् इति ब्रूमः यथा शक्तिपातवैचित्र्यात् शांभवशाक्ताणवानां वैचित्र्यं तथा इहापि इत्यर्थः ।

अथ षष्ठमाह्निकम् ।

अथ बाह्यविधिः ।

स एव स्थानप्रकल्पन[1]शब्देन उक्तः, तत्र त्रिधा स्थानं – प्राणवा[2]युः शरीरं बाह्यं च, तत्र प्राणे तावत् विधिः, स[3]र्वः असौ वक्ष्यमाणः अध्वा प्राणस्[4]थः कल्यते, तस्य क्रमाक्रमकल-नै[5]व कालः, स[6] च परमेश्वर एव अन्तर्भाति,

१ उच्चारकरणेत्यत्र ।

२ प्राण इति सामान्यस्पन्दनात्मनि विशिष्टे पुनर्वाचकरूपस्त्रिविध एव, यदुक्तम् ।

'षड्विधादध्वनः प्राच्यं यदेतत्त्रितयं पुनः ।
एष एव स कालाध्वा प्राणे स्पष्टं प्रतिष्ठितः ॥'

इति ।

३ सर्वः–षड्विधः ।

४ प्राणे–सामान्यस्पन्दात्मनि ।

५ क्रमेणाक्रमेण च कलना भावानां परिच्छित्तिः सैव कालः, तत्र क्रमेण कार्यकारणादौ अक्रमेण चित्रज्ञानादौ । तथा चोक्तम्

'संवित्सैव पुनः स्वात्मगर्भीकृतक्रमाक्रमौ ।
स्फुटयन्ती प्ररोहेण प्राणवृत्तिः प्रतिष्ठिता ॥'

इति ।

६ ननु भावाः संविल्लग्ना एवावभासन्ते तत् कथं तदनुपक्तस्य भाव-वर्गस्य कालयोगः स्यादित्याह 'स च' इत्यादि, यद्येवं तर्हि परमेश्वरेऽपि कालयोगो भवेदित्याशङ्क्याह 'तद्भासनम्' इत्यादि ।

पं० ३ क० पु० कथ्यते इति पाठः ।

तद्भासनं च देवस्य काली नाम शक्तिः, भेदेन[8] तु तदाभासनं क्रमाक्रमयोः प्राणवृत्तिः । संविदेव हि प्रमेयेभ्यो विभक्तं रूपं गृह्णाति, अत एव च अवच्छेदयोगात् वेद्यतां यान्ती नभः[10], ततः स्वातन्त्र्यात् मेये स्वीकारौत्सुक्येन[11] निपतन्ती क्रियाशक्तिप्रधाना प्राणनारूपा[12] जीवस्वभावा पञ्चभी रूपैः देहं यतः पूरयति[13],

७ स्वेच्छावभासितस्य प्रमातृप्रमेयाद्यात्मनो जगतस्तद्रूपतया कलने सामर्थ्यं, न पुनः स्वात्मनि कश्चित् अक्रमः क्रमो वेति, नहि अग्नेर्दाह-शक्तियोगे स्फोटाद्याविर्भावस्तदाह 'काली नाम शक्तिः' इति ।

८ भेदेन बहिःप्ररूढतयेत्यर्थः ।

९ स्वातन्त्र्यादिति शेषः ।

१० यदुक्तम् ।

'संविन्मात्रं हि यच्छुद्धं प्रकाशपरमार्थकम् ।
तन्मेयमात्मनः प्रोज्झ्य विविक्तं भासते नभः ॥'

इति । न च 'प्राक् प्राणे संवित् परिणता' इत्युक्तिर्विरुध्येत् शून्यता-वभासनेऽपि न कश्चिद्रूपान्तरोपग्रह इति प्रागित्युक्तम् ।

११ बहिर्मुखीभावेन ।

१२ यदुक्तम्

'स एव खात्मा मेयेऽस्मिन् भेदिते स्वीक्रियोत्सुकः ।
पतन् समुच्चरत्वेन प्राणस्पन्दोर्मिसंज्ञितः ॥'

इति विश्वोत्तीर्णत्वेन विश्वमयत्वस्यावच्छेदः, विश्वरहितत्वेन संवित् शून्य-रूपा, पुनस्तादृशी सती विश्वस्वीकारेण प्राणरूपत्वमास्तेति ।

१३ यदुक्तम्

पं० १ ख० पु० उद्भासनमिति पाठः ।

पं० ७ ख० पु० प्रेरयति इति पाठान्तरोपेतः पाठः ।

ततोऽसौ चेतन इव भाति । तत्र क्रियाशक्तौ कालाध्वा प्राच्यभागे, उत्तरे तु मूर्तिवैचित्र्यरूपो देशाध्वा, तत्र वर्ण-मन्त्र-पदाध्वनः कालाध्वनि स्थितिः पर-सूक्ष्म-स्थूलरूपत्वात् । देशाध्वस्थितिस्तु तत्त्व-पुर-कलात्मना इति भविष्यति स्वावसरे । तत्र यद्यपि देहे सबाह्याभ्यन्तरम् ओतप्रोतरूपः प्राणः, तथापि प्रस्फुटसंवेद्यप्रयत्नः[१४] असौ हृदयात्प्रभृति[१५] इति, तत एव अयं निरूपणीयः । तत्र प्रभु-[१६]

'सा प्राणवृत्तिः प्राणाद्यै रूपैः पञ्चभिरात्मसात् ।
देहं यत् कुरुते संवित्पूर्णस्तेनैष भासते ॥'

इति ।

१४ प्रयत्नः प्राणस्पन्दः, स च द्वेधा संवेद्योऽसंवेद्यश्च, तयोरपि स्फुटास्फुटतया द्वैविध्यम् ।

१५ इदमत्र तात्पर्यम्

'हृच्चक्रे तु समाख्याताः साधकानां हितावहाः ।
प्राणो वै चरते तासु अहोरात्रविभागशः ।
तथा ते कथयिष्यामि प्रविभज्य यथा स्फुटम् ।'

इति संवेद्यप्रयत्नोऽसौ, अतो यद्यपि सर्वत्र देहे वर्तते नासंवेद्यप्रयत्नः, न हि स्वासंवेद्यप्रयत्ने किंचित्फलं, स्वेच्छया हि चरितः प्राणस्तत्तत्सिद्धिनिमित्तम् इति हृदयात्प्रभृत्येव विभागकल्पना ।

१६ न च अत्रैतच्छङ्क्यं ?–सर्वव्यापकत्वादभेदेऽपि अस्य कथं क्वचित् स्फुटता क्वचिदस्फुटता इति, तत्राह प्रभुशक्तिरिति । यदुक्तम्

पं० ३ ख० पु० पदाध्वानः कालाध्वस्थितिरिति पाठः ।

शक्तिः आत्म[17]शक्तिः यत्न इति त्रितयं प्राणेरणे हेतुः – गुणमुख्यभावात् । तत्र हृदयात् द्वादशान्तान्तं स्वाङ्गुलैः सर्वस्य[18] षट्त्रिंशदङ्गुलः प्राणचारः निर्गमे प्रवेशे च, स्वोचितबलयत्नदेहत्वात् सर्वस्य । तत्र घटिका तिथिः मासो वर्षं च वर्षसमूहात्मा, इति समस्तः कालः परिसमाप्यते । तत्र सपञ्चांशे अङ्गुले चषक इति स्थित्या घटिकोदयः, घटिका हि षष्ट्या चषकैः तस्मात् द्वासप्तत्यङ्गुला भवति ।

अथ तिथ्युदयः । सपादमङ्गुलद्वयं तुटिः उच्यते, तासु चतसृषु प्रहरः, तुट्यर्धं तुट्यर्धं तत्र संध्या, एवं निर्गमे दिनं, प्रवेशे रात्रिः, इति तिथ्यु[19]दयः ।

'प्रभुशक्तिः क्वचिन्मुख्या यथाङ्गमरुदीरणे ।
आत्मशक्तिः क्वचित्कन्दसंकोचस्पन्दने यथा ॥
प्राणशक्तिः क्वचिद्बाह्यप्राणचारे यथा स्फुटम् ।
द्वयं त्रयं वा मुख्यं स्याद्योगिनामवधानिनाम् ॥
अवधानाददृष्टांशाद्बलवत्वादथेरणात् ।
विपर्ययोऽपि प्राणात्मशक्तीनां मुख्यतां प्रति ॥'

इति ।

१७ मितप्रमातृशक्तिः ।

१८ सर्वस्य ब्रह्मादेः कीटान्तस्य ।

१९ यदुक्तम्

अथ मासोदयः । तत्र दिनं कृष्णपक्षः[२०], रात्रिः शुक्लः, तत्र पूर्वं तुट्यर्धं अन्त्यं च तुट्यर्धं विश्रान्तिः अकालकलिता[२१]ः, मध्यास्तु पञ्चदश तुटय एव तिथयः, तत्र[२२] प्रकाशो विश्रान्तिश्च इति एते एव दिननिशे[२३]। तत्र वेद्यमयताप्रकाशो दिनं, वेद्यस्य विचारयितरि लयो रात्रिः, ते च प्रकाशविश्रान्ती चिराचिरवैचित्र्यात् अनन्तभेदे, तत्साम्ये तु विषुवत्[२४]।

'संवेद्यरूपशशधरभागः संवेदकार्ककरनिकरैः ।
यावान्यावति पूर्णः सा हि तिथिर्भग्रहैः स्फुटीभवति ॥'

इति ।

२० दिनेऽपानचन्द्रस्य क्षयात् कृष्णपक्षत्वम् ।

२१ हार्दद्वादशान्तयोस्तुट्यर्धयोर्विश्रान्तिरूपत्वात्कालकलना नास्तीति।

२२ तत्र-प्रतितुटौ तिथिरूपायाम् ।

२३ यदुक्तम्

'संविप्रतिक्षणं यस्याप्रकाशानन्दयोगिनी ।
तौ क्षिप्तौ यावति तया तावत्येव दिनक्षपे ॥'

इति ।

२४ यदुक्तम्

'कदाचिद्वस्तुविश्रान्तिसाम्येनात्मनि चर्वणम् ।
वेद्यवेदकसाम्यं तत्सा रात्रिन्दिनतुल्यता ॥'

इति । प्रमातॄणां वेद्यग्रहपरत्वादेस्तारतम्यात् संविदुदयः–कस्यचित्क्षणः

पं० ६ ख० पु० वेद्यसमयतेति पाठः ।

तत्र कृष्णपक्षे प्राणार्के अपानचन्द्र आप्यायिकाम् एकामेकां कलाम् अर्पयति, यावत् पञ्चदश्यां तुटौ द्वादशान्तसमीपे क्षीणपृथग्भूतकलाप्रसरः चन्द्रमाः प्राणार्क एव लीयते। तदनन्तरं यत् तुट्यर्धं स पक्षसंधिः। तस्य च तुट्यर्धस्य प्राच्यम् अर्धम्[२५] आमावस्यं, द्वितीयं[२६] प्रातिपदं। तत्र प्रातिपदे तस्मिन् भागे स आमावस्यो भागो यदा कासप्रयत्नावधानादिकृतात् तिथिच्छेदात् विशति तदा तत्र ग्रह-[२७]

कस्यचित्कल्पः कस्यचिन्निमेषश्च स्यात् इति प्रकाशे चिराचिरवैचित्र्यम्। तथैव विश्रान्तौ च

> 'वेद्ये विश्रान्तिरधिका दिनदैर्घ्याय कल्पते।
> तथैव स्वात्मविश्रान्तिवृत्तिः स्याद्रात्रिविस्तरः॥'

इति।

२५ प्राणीयमर्धम्।

२६ अपानीयम्।

२७ तस्यास्तिथेः कासवशात् द्वादशान्ते उच्छेदः, ततः

> 'शक्तिगर्भादधः सृष्टिस्तस्माद्वृष्टिः प्रजायते।'

इति-नीत्या निःश्वासवशादपानवाहस्य चिरेण प्रसरणात्तिथेरधिकीभावेन पूर्णतया पौर्णमास्युदयः वृद्धिवशात् पूर्णिमाभागः प्रातिपदे भागे यदा विशति तदा चन्द्रग्रहणं, 'केतुः सूर्ये विधौ राहुः' इति नीत्या सोमसहितो राहुः। यदुक्तम्

> 'प्राणार्कमानहठघट्टितमेयचन्द्र-
> विद्रावितामृतरसोत्सुकितः खमाता।

णम्, तत्र च वेद्यरूपसोमसहभूतो मायाप्रमातृराहुः स्वभावतया विलापनाशक्तः केवलम् आच्छादनमात्रसमर्थः सूर्यगतं चान्द्रं अमृतं पिबति इति । प्रमातृप्रमाणप्रमेयत्रितयाविभागकारित्वात् स पुण्यः कालः पारलौकिकफलप्रदः । ततः प्रविशति प्राणे चिदर्के एकैकया कलया अपानचन्द्रम् आपूरयति[२८], यावत् पञ्चदशी तुटिः पूर्णिमा, तदनन्तरं पक्षसंधिः

स्वर्भानुरावृणुत एव रविं रसं तु
पुण्ये ग्रहेऽत्र रसयेन्नयघट्टनज्ञः ॥'

इति । तथा

'आदित्यग्रहणं चैव लोके तदुपदिश्यते ।
शक्तिर्वै विशति प्राणे या तुटिस्तु विधीयते ॥
अमावस्या तु सा ज्ञेया कृष्णपक्षे वरानने ।
शक्तेर्मध्योर्ध्वभागे तु तुट्यर्धं यत्प्रकीर्तितम् ॥
पक्षसंधिस्त्वसौ ज्ञेयोऽमावस्यार्धं प्रतिपदा ।
तिथिच्छेदेन वै तत्र सूर्यस्य ग्रहणं भवेत् ॥
रविबिम्बान्तरे देवि चन्द्रबिम्बं तदा भवेत् ।
तदन्तरे भवेद्राहुरमृतार्थी वरानने ॥
अमृतं स्रवते चन्द्रो राहुश्च ग्रसते तु तत् ।
पीत्वा त्यजति तद्बिम्बं तदा मुक्तः स उच्यते ॥'

इति ।

२८ 'प्रतिपत्सा तु विज्ञेया चन्द्रश्चैककलो भवेत् ।'
इत्यादिक्रमेण चन्द्रपूरणम् ।

पं० ८ ख० पु० पक्षसंधिग्रहणमिति समस्तः पाठः ।

ग्रहणं च इति प्रागवत्, एतत् तु ऐहिक[29]फल-प्रदम्, इति मासोदयः।

अथ वर्षोदयः। तत्र कृष्णपक्ष एव उत्तरा-यणं षट्सु षट्सु अङ्गुलेषु संक्रान्तिः[30] मकरात् मिथुनान्तं। तत्र प्रत्यङ्गुलं पञ्च तिथयः, तत्रापि दिनरात्रिविभागः, एवं प्रवेशे दक्षिणायनं, गर्भत्वम्, उद्भवेच्छा, उद्बुभूषुता, उद्भविष्य-त्वम्, उद्भवारम्भः, उद्भवत्ता, जन्मादिविकार-षट्कं च इति क्रमात् मकरादिषु इति[31]। तथैव उपासा अत्र[31] फलं समुचितं करोति। अत्र च दक्षाद्याः पितामहान्ता रुद्राः शक्तयश्च द्वादशाधिपतय[32], इति वर्षोदयः।

---

२९ ऐहिकसृष्टिप्राधान्यात्।

३० प्राणार्कस्य।

३१ यदुक्तम्

'आधानमिच्छा संयोग आनन्दो घनता स्थितिः।
जन्म सत्ता परिणतिर्वृद्धिर्ह्रासः क्षयः क्रमात्॥
माघान्मासात्समारभ्य स्थितयः परिकीर्तिताः।
साधकानां सिद्धिविधौ भावानां चापि संभवः॥'

इति। उद्भवनात्मकैषणीयसंयुक्तमिच्छामात्रमुद्भवेच्छा, स्वात्मन्युच्छलत्वेन अवस्थानमुद्भवनम्।

३२ अत्र मासेषु।

३३ यदुक्तम्

पं० ६ क० पु० प्रवेशो दक्षिणायनमिति पाठः।

प्रत्यङ्गुलं षष्टिः तिथय इति क्रमेण संक्रान्तौ वर्षम् इत्यनेन क्रमेण प्रवेशनिर्गमयोः द्वादशाब्दोदयः, प्रत्यङ्गुलं तिथीनां शतत्रयं, सपञ्चांशे[३४]ऽङ्गुले वर्षं, यत्र प्राक् चषकम् उक्तम् इति गणनया संक्रान्तौ पञ्च वर्षाणि, इति अनया परिपाट्या एकस्मिन् प्राणनिर्गमप्रवेशकाले षष्ट्यब्दोदयः, अत्र एकविंशतिसहस्राणि षट् शतानि इति तिथीनां संख्या । तावती[३५] एव अहोरात्रे प्राणसंख्या, इति न षष्ट्यब्दोदयात् अधिकं परीक्ष्यते आनन्त्यात् । तत्र[३६] मानुषं वर्षं देवानां तिथिः, अनेन[३७] क्रमेण दिव्यानि द्वादशवर्षसहस्राणि चतुर्युगम् । चत्वारि त्रीणि द्वे एकम् इति कृतात् प्रभृति तावद्भिः

'दक्षश्चण्डो हरश्चण्डी प्रमथो भीम-मन्मथौ ।
शकुनिः सुमतिर्नन्द-गोपालक-पितामहाः ॥'

इति संक्रान्तिक्रमात् पतयः ।

३४ प्रत्यङ्गुलं तिथिशतत्रये परिकल्पिते सति अङ्गुलपञ्चमभागे तिथयः षष्टिर्भवन्ति, अनया परिपाट्या सपञ्चांशे अङ्गुले वर्षम् ।

३५ अन्तर्या षष्ट्यब्दोदये तिथिसंख्या तद्बहिर्दिनरात्रं प्राणचारकल्पनम् ।

३६ बाह्यसमयकल्पनायां ।

३७ पक्ष-मासायन-वर्षादिकलनाक्रमेण ।

शतैः अष्टौ संध्याः। चतुर्युगानाम् एकसप्तत्या मन्वन्तरम्, मन्वन्तरैः चतुर्दशभिः ब्राह्मं दिनं, ब्रह्मदिनान्ते कालाग्निदग्धे लोके[३८]त्रये अन्यत्र च लोके[३९]त्रये धूमप्रस्वापिते सर्वे जना वेगवदग्निप्रेरिता जनलोके प्रलयाकलीभूय तिष्ठन्ति । प्रबुद्धास्तु कूष्माण्डहाटकेशाद्या महोलोके क्रीडन्ति । ततो निशासमाप्तौ ब्राह्मी सृष्टिः। अनेन मानेन वर्षशतं ब्रह्मायुः। तत् विष्णोः दिनं तावती च रात्रिः, तस्यापि शतम् आयुः। तत् दिनं तदूर्ध्वे रुद्रलोकप्र-भो रुद्रस्य, तावती रात्रिः, प्राग्वत् वर्षं, तच्छ-तमपि च अवधिः । तत्र रुद्रस्य तदवसितौ शिवत्वगतिः, रुद्रस्य उक्ताधिकारावधिः, ब्रह्मा-ण्डधारकाणां तत् दिनं शतरुद्राणां, निशा तावती, तेषामपि च शतमायुः । शतरुद्रक्षये ब्रह्माण्डविनाशः। एवं जलतत्त्वात् अव्यक्ता-न्तम् एतदेव क्रमेण रुद्राणाम् आयुः। पूर्व-

---

३८ भूर्भुवःस्वर्लक्षणे।

स्यायुरुत्तरस्य[39] दिनम् इति । ततश्च ब्रह्मा[40] रुद्राश्च अवाद्यधिकारिणः अव्यक्ते तिष्ठन्ति इति । श्रीकण्ठनाथश्च[41] तदा संहर्ता । एषोऽवान्तरप्रलयः[42], तत्क्षये सृष्टिः। तत्र शास्त्रान्तर[43]-मुक्ता अपि सृज्यन्ते । यत्तु श्रीकण्ठनाथस्य स्वम् आयुः तत् कञ्चुकवासिनां रुद्राणां दिनं, तावती रजनी, तेषां यदायुः तत् गहनेशो[44]-दिनं, तावती एव क्षपा, तस्यां च समस्तमेव मायायां विलीयते । पुनः गहनेशः सृजति । एवं यः अव्यक्तकालः तं दशभिः परार्धैः गुणयित्वा मायादिनं कथयेत्, तावती रात्रिः। स एव प्रलयः । मायाकालः परार्धशतेन गुणित ऐश्वरतत्त्वे[45] दिनम् । अत्र प्राणो जगत् सृजति, तावती रात्रिः, यत्र प्राणप्र-

३९ जलतत्त्ववासिनां यदायुस्तदग्नितत्त्वस्थानां दिनम् इति क्रम एकैकवर्षशतवृद्ध्या ।

४० बुद्धितत्त्वस्थः ।

४१ पुंतत्त्वस्थः ।

४२ अवान्तरप्रलयस्य उक्तत्वात्

४३ सांख्य-वेदान्तादिशास्त्रभापितमुक्ताः ।

४४ गहनेशस्य मायागर्भाधिकारिणः ।

४५ प्राणोदये कारणक्रमस्य वक्ष्यमाणत्वात् ईश्वरतत्त्वमेव गर्भीकृतविद्यातत्त्वमुक्तम् । यः क्रियाशक्तिप्रधानः प्राणनारूप इति पूर्वमुक्तः ।

शमः, प्राणे च ब्रह्मबिलधाम्नि शान्तेऽपि या संवित्, तत्राप्यस्ति क्रमः । ऐश्वरे काले परार्धशतगुणिते या संख्या, तत् सादाशिवं दिनं, तावती निशा, स एव महाप्रलयः[४६] । सदाशिवः स्वकालपरिक्षये बिन्द्वर्धचन्द्रनिरोधिका आक्रम्य नादे लीयते, नादः शक्तितत्त्वे, तत् व्यापिन्यां, सा च अनाश्रिते । शक्तिकालेन परार्धकोटिगुणितेन अनाश्रितदिनं । अनाश्रितः सामनसे पदे, यत् तत् सामनस्यं साम्यं[४७] तत् ब्रह्म । अस्मात् सामनस्यात् अकल्यात्[४८] कालात् निमेषोन्मेषमात्रतया प्रोक्ताशेषकाल[४९]प्रसरप्रविलयचक्रभ्रमोदयः । एकं दश शतं सहस्रम् अयुतं लक्षं नियुतं कोटिः अर्बुदं वृन्दं खर्वं निखर्वं पद्मं शङ्कुः समुद्रं अन्त्यं मध्यम् परार्धम् इति क्रमेण दशगुणि-

---

४६ शुद्धाध्वनोऽपि संहारात् ।

४७ विश्वसंहारे वृत्ते सर्वोऽणुवर्गः समनायामेव संभूय आस्ते, अनाश्रितान्तस्य विश्वस्याभेदेन अवस्थानात् साम्यम् ।

४८ कलयितुमशक्यादित्यर्थः ।

४९ प्रोक्ताशेषकालस्य तुट्यादेः ।

पं० १० क० पु० अकालकल्यादिति पाठान्तरं च ।

पं० १४ क० पु० वृन्दमित्यत्र अब्जमिति पाठान्तरं च ।

तानि अष्टादश, इति गणितविधिः । एवम् असंख्याः सृष्टिप्रलयाः एकस्मिन् महासृष्टि-रूपे प्राणे[५०], सोऽपि संविदि, सा उपाधौ, स चिन्मात्रे, चिन्मात्रस्यैव अयं स्पन्दो – यदयं कालोदयो नाम । तत एव स्वप्नसंकल्पादौ वैचित्र्यम् अस्य न विरोधावहम् । एवं यथा प्राणे कालोदयः, तथा अपानेऽपि हृदयात् मूलपीठपर्यन्तम् । यथा च हृत्कण्ठ-तालु-ल-लाट-रन्ध्र-द्वादशान्तेषु[५१] ब्रह्म-विष्णु-रुद्रेश-सदा-शिवानाश्रिताख्यं कारणषट्कम्, तथैव अपा-नेऽपि हृत्कन्दानन्द-संकोच-विकास-द्वादशा-न्तेषु, बाल्य-यौवन-वार्धक-निधन-पुनर्भव-मु-क्त्यधिपतय एते ।

अथ समाने कालोदयः । समानो हार्दीषु [५२]दशसु नाडीषु संचरन् समस्ते देहे साम्येन रसादीन् वाहयति । तत्र दिगष्टके संचरन्

५० 'प्राक् संवित् प्राणे परिणता' इति प्राणो महासृष्टिरूपः ।

५१ अधोवक्त्ररूपायाः शक्तेरुदयविश्रामस्थानं द्वादशान्त इत्यर्थः ।

५२ इडा-पिङ्गला-सुपुम्ना-गान्धारी-हस्तिजिह्वा-पूपा-यशा-अलम्बुसा-कुहूः-शंखिनी इत्येवं-रूपासु ।

पं० ६ क० पु० वैचित्र्यस्य न इति पाठान्तरं च ।

तद्दिक्पतिचेष्टाम् इव प्रमातुः अनुकारयति । ऊर्ध्वाधस्तु संचरन् तिसृषु[५३] नाडीषु गतागतं करोति । तत्र विषुवद्दिने[५४] बाह्ये प्रभातकाले सपादां[५५] घटिकां मध्यमार्गे वहति । ततो नवशतानि प्राणविक्षेपाणाम्, इति गणनया बहिः सार्धघटिकाद्वयं वामे दक्षिणे वामे दक्षिणे वामे इति पञ्च[५६] संक्रान्तयः । ततः संक्रान्तिपञ्चके वृत्ते पादोनासु चतुर्दशसु घटिकासु अतिक्रान्तासु दक्षिणं शारदं विषुवन्मध्याह्ने नव प्राणशतानि । ततोऽपि दक्षिणे वामे दक्षिणे वामे दक्षिणे इति संक्रान्तिपञ्चकं[५७], प्रत्येकं नवशतानि इत्येवं रात्रावपि[५८], इति । एवं विषुवद्दिवसे तद्रात्रौ च द्वादश द्वादश संक्रान्तयः । ततो दिनवृद्धिक्षयेषु संक्रान्तिवृद्धि-

५३ इडा-पिङ्गला-सुषम्नासु ।

५४ मेषार्काख्ये ।

५५ सार्धशतचतुष्टयप्राणचारात्मिकाम् । षष्टिचषकपरिमाणा घटिका-चषकषष्टौ प्रतिचषकं षट्प्राणचारकलनया षष्ट्यधिकशतत्रयं प्राणचाराः ।

५६ वृषादि-कन्यान्ताः ।

५७ वृश्चिकादिकम् ।

५८ प्रत्येकं सार्धघटिकाद्वयम् । तत्र सायंसन्ध्यायां मेषसंक्रान्तिसंज्ञायां मध्यनाड्यां बाह्यां सपादां घटिकां समानो वहति, द्वितीया सपादा घटिका रात्रिमध्ये प्रविष्टा ।

क्षयः । एवम् एकस्मिन्[५९] समानमरुति वर्षद्वयं श्वासप्रश्वासयोगाभावात् । अत्रापि[६०] द्वादशाब्दोदयादि पूर्ववत् । उदाने तु द्वादशान्ता-[६१]वधिश्चारः स्पन्दमात्रात्मनः कालस्य । अत्रापि पूर्ववत् विधिः । व्याने तु व्यापकत्वात् अक्रमेऽपि सूक्ष्मोच्छलत्तायोगेन कालोदयः ।

अथ वर्णोदयः । तत्र अर्धप्रहरे[६२] अर्धप्रहरे वर्गोदयो विषुवति समः, वर्णस्य वर्णस्य द्वे शते षोडशाधिके प्राणानाम्, बहिः षट्त्रिंशत् चषकाणि इति उदयः, अयम् अयत्नजो[६३] वर्णोदयः । यत्नजस्तु मन्त्रोदयः अरघट्टघटीयन्त्रवाहनवत् एकानुसंधिबलात् चित्रं मन्त्रोदयं दिवानिशम् अनुसंदधत् मन्त्रदेवतया सह तादात्म्यम् एति । तत्र सदोदिते प्राणचार-[६४]

---

५९ न तु प्राणापानवत् द्वयरूपे ।

६० एकचार एव ।

६१ हृदयान्मूर्धन्यद्वादशान्तं तावत् ।

६२ आन्तरे प्राणीये अर्धप्रहरे प्रतिवर्गं सार्धचतुरङ्गुलोदयः । बाह्ये तु सार्धशतत्रयोदशप्राणचारात्मा वर्गोदयः ।

६३ स्वारसिकः ।

६४ षट्शताधिकैकविंशतिसहस्ररूपया ।

पं० ४ क० पु० 'अत्रापि' इत्यादि वाक्यं नास्ति ।

संख्ययैव उदयसंख्या[६५] व्याख्याता, तद्द्विगुणिते तदर्धम् इत्यादिक्रमेण अष्टोत्तरशते चक्रे द्विशत उदयः, इति क्रमेण स्थूलसूक्ष्मे चारस्वरूपे विश्रान्तस्य, प्राणचारे क्षीणे, कालग्रासे वृत्ते संपूर्णम् एकमेवेदं संवेदनं चित्रशक्तिनिर्भरं भासते । कालभेद एव संवेदनभेदकः न वेद्यभेदः[६६] शिखरस्थज्ञानवत्, ज्ञानस्य यावान् अवस्थितिकालः स एव क्षणः, प्राणोदये[६७] च एकस्मिन् एकमेव ज्ञानम्, अवश्यं चैतत्, — अन्यथा विकल्पज्ञानम् एकं न किंचित् स्यात् — क्रमिकशब्दारूषितत्वात् मात्राया अपि क्रमिकत्वात् । यदाह

६५ मन्त्रस्येति शेषः ।

६६ ननु कालजनितो भेदो मा भूत् ज्ञेयजनितस्तु स्यात् इदं नीलज्ञानम् इत्यादिक्रमेण, इत्याशंक्याह वेद्यभेद इति । शिखरस्थेति शिखरस्थस्य हि सत्यपि गृहादिवेद्यभेदे एक एव नगरावभासः स्यात् । ज्ञानस्येति तस्मात् वेद्यस्य काल एव भेदकः, स च अतिसूक्ष्मक्षणात्मा अभिमतः येन ज्ञानस्य उत्पादानन्तरं निरोधो भवेत् । ननु सूक्ष्मस्य क्षणस्य किं लक्षणमुच्यते यावत् ज्ञानं तिष्ठति स क्षणः इति, न तु अवेद्यो निरंशः काललवक्षण इति तस्य हि निर्वक्तुमशक्यत्वात् ।

६७ ननु ज्ञानं कियत्कालं तिष्ठति इत्याह प्राणोदये चेति, प्राणस्य पूर्वोक्तनीत्या तुट्यादिक्रमोऽस्ति इति कथमुक्तं प्राणोदये एकमेव ज्ञानमिति?, मैवम् इत्याह—अवश्यमिति ।

पं० १ ख० पु० तद्विगुणिते इति पाठः ।

'तस्मादित उदात्तमर्धह्रस्वम्' । (पा० व्या० १-२-३२) इति । तस्मात् स्पन्दान्तरं यावत् न उदितं तावत् एकमेव ज्ञानं । अत[६८] एव एकाशीति-पदस्मरणसमये विविधधर्मानुप्रवेशमुखेन एक एव असौ परमेश्वरविषयो विकल्पः[६९] कालग्रासेन अविकल्पात्मा एव संपद्यते इति । एवम् अखिलं कालाध्वानं प्राणोदय एव पश्यन्, सृष्टिसंहारांश्च विचित्रान् निःसंख्यान् तत्रैव आकलयन्, आत्मन एव पारमेश्वर्यं प्रत्यभि-जानन् मुक्त एव भवति इति ।

संविद्रूपस्यात्मनः प्राणशक्तिं
पश्यन्रूपं तत्रगं चातिकालम् ।
साकं सृष्टिस्थेमसंहारचक्रै-
र्नित्योद्युक्तो भैरवीभावमेति ॥

---

६८ अत इति, अनेकधर्मपरामर्शत्वेऽपि एकत्वलक्षणात् । यदुक्तम्

'तथा तथा परामर्शशक्तिचक्रेश्वरो विभुः ।
स्थूलैकाशीतिपदजपरामर्शैर्विभाव्यते ॥
तत एव परामर्शो यावत्येव समाप्यते ।
तावत्तत्पदमुक्तं नो सुश्लिष्टियमयन्त्रितम् ॥'

इति ।

६९ विकल्पः—शुद्धविद्यारूपः ।

*सअल प्रआस रूउ संवेअण,
फन्दतरङ्गकलण तहु पाणुर ।
पाणब्भन्तरम्मि परिणिट्ठउ,
सअलउ कालपसरु परिआणु ॥

जह उल्लसइ जह विण्णिरुज्जइ,
पवनसत्ति तह एहु महेसरु ।
सिट्ठिपलअं दसइ ज णिमज्जइ,
सो अत्ता णउ चित्तहसाअरु ॥

इति श्रीमदभिनवगुप्ताचार्यविरचिते तन्त्रसारे कालाध्वप्रकाशनं नाम षष्ठमाह्निकम् ॥ ६ ॥

---

*अत्रेयं छाया

सकलप्रकाशरूपसंवेदन-
स्पन्दतरङ्गकलना तस्य प्राणः ।
प्राणाभ्यन्तरे परिनिष्ठितं
सकलं कालप्रसरं परिज्ञाय ॥

यथोल्लसति यथा विनिवर्तते
पवनशक्तिस्तथैप महेश्वरः ।
सृष्टिप्रलयं दर्शयित्वा च निमज्जयति
स आत्मा नित्यचित्तरसागरः ॥

अथ सप्तममाह्निकम् ।

अथ देशाध्वा ।

तत्र[1] समस्त एव अयं मूर्तिवैचित्र्याभास[2]नशक्तिजो देशाध्वा संविदि विश्रान्तः, तद्द्वा[3]रेण शून्ये बुद्धौ प्राणे नाडीचक्रानुचक्रेषु बहिः शरीरे यावल्लिङ्गस्थण्डिलप्रतिमादौ समस्तोऽध्वा परिनिष्ठितः, तं समस्तम् अध्वानं[4] देहे विलाप्य, देहं च प्राणे, तं धियि, तां शून्ये, तत्संवेदने, निर्भरपरिपूर्णसंवित् संपद्यते षट्त्रिंशत्तत्त्वस्वरूपज्ञः, तदुत्तीर्णां संविदं परमशिवरूपां पश्यन् विश्वमयीमपि संवेदयेत, अप-

---

१ प्राच्यभागे कालाध्वा उत्तरे तु देशाध्वा, इति कालाध्वानमुक्त्वा देशाध्वानं वक्तुमुपक्रमते तत्रेति ।

२ पदार्थस्य स्वं रूपं मूर्तिः ।

३ संविद्द्वारेण, तत्सृष्टे शून्यादावध्वा स्थितः । यदुक्तम्

'अध्वा समस्त एवायं चिन्मात्रे संव्यवस्थितः ।
यत्तत्र नहि विश्रान्तं तन्नभःकुसुमायते ॥'

इति ।

४ यदुक्तम्

'पृथिवी कठिनत्वेन द्रव्यत्वेऽम्भः प्रकीर्तितम् ।'

इत्यादि नीत्या समस्तोऽध्वा देहलीन इति ।

रथा वेद्यभागमेव कंचित् परत्वेन गृह्णीयात् मायागर्भाधिकारिणं विष्णुब्रह्मादिकं वा, तस्मात् अवश्यं प्रक्रियाज्ञानपरेण भवितव्यम्। तदुक्तं

'न प्रक्रियापरं ज्ञानम् ....।'

इति। तत्र पृथिवीतत्त्वं शतकोटिप्रविस्तीर्णं ब्रह्माण्डगोलकरूपम्[५]। तस्य अन्तः कालाग्निर्नरकाः पातालानि पृथिवी स्वर्गो यावद्ब्रह्मलोक इति। ब्रह्माण्डबाह्ये रुद्राणां शतं। न च ब्रह्माण्डानां संख्या विद्यते। ततो धरातत्त्वात् दशगुणं जलतत्त्वं। तत उत्तरोत्तरं दशगुणम् अहंकारान्तं। तद्यथा जलं तेजो वायुर्नभः तन्मात्रपञ्चकाक्षैकादशगर्भोऽहंकारश्चेति। अहंकारात् शतगुणं बुद्धितत्त्वं[६]। ततः सहस्रधा

---

५ ब्रह्मणः संबन्धि अण्डं 'वस्तुपिण्डोऽण्डमुच्यते' इति निरुक्तस्थित्या वस्तूनां तन्वक्षादीनां पिण्डः समूहोऽण्डं तदेव गोलकं च।

'प्रथमं काञ्चनं प्रोक्तं रौक्मं चैव द्वितीयकम्।
ताम्रं च लोहजं चैव क्रमादेव व्यवस्थितम्॥'

इत्येवमादीन्यण्डानि।

६ यदुक्तम्

'आकाशावरणादूर्ध्वमहंकारादधः पुनः।
तन्मात्रादिमनोन्तानां पुराणि शिवशासने॥'

इति।

प्रकृतितत्त्वं, एतावत्प्रकृत्यण्डम्। तच्च ब्रह्माण्डवत् असंख्यम् । प्रकृतितत्त्वात् पुरुषतत्त्वं च दशसहस्रधा । पुरुषात् नियतिः लक्षधा। नियतेरुत्तरोत्तरं दशलक्षधा कलातत्त्वान्तम् । तद्यथा नियतिः रागः अशुद्धविद्या कालः कला चेति । कलातत्त्वात् कोटिधा माया, एतावत् मायाण्डम् । मायातत्त्वात् शुद्धविद्या दशकोटिगुणिता । विद्यातत्त्वात् ईश्वरतत्त्वं शतकोटिधा । ईश्वरतत्त्वात् सादाख्यं सहस्रकोटिधा । सादाख्यात् वृन्दगुणितं शक्तितत्त्वम्, इति शक्त्यण्डम्। सा शक्तिर्व्याप्य यतो विश्वमध्वानम् अन्तर्बहिरास्ते तस्मात् व्यापिनी। एवमेतानि उत्तरोत्तरम् आवरणतया वर्तमानानि तत्त्वानि—उत्तरं व्यापकं पूर्वं व्याप्यम् इति स्थित्या वर्तन्ते। यावदशेषशक्तितत्त्वान्तोऽध्वा शिवतत्त्वेन व्याप्तः । शिवतत्त्वं पुनरप्रमेयं सर्वाध्वोत्तीर्णं सर्वाध्वव्यापकं च। एतत्तत्त्वान्तरालवर्तीनि यानि भुवनानि तत्पतय एव अत्र पृथिव्यां स्थिता इति। तेषु आय-

---

पं० १ क० पु० सादाशिवाख्यं सहस्रकोटिधा सादाशिवाख्यादिति पाठः।
१

तनेषु ये म्रियन्ते तेषां तत्र तत्र गतिं ते वितरन्ति । क्रमाच्च ऊर्ध्वोर्ध्वं प्रेरयन्ति दीक्षाक्रमेण । तद्यथा–

कालाग्निः कूष्माण्डो
नरकेशो हाटकोऽथ भूतलपः ।
ब्रह्मा मुनिलोकेशो
रुद्रः पञ्चाण्डमध्यगतः ॥
अधरेऽनन्तः प्राच्याः
कपालिवह्न्यन्तनिर्ऋतिबालाख्याः ।
लघुनिधिपतिविद्याधिप-
शम्भूर्ध्वान्तं स वीरभद्रपतिः ॥
इति षोडशपुरमेतत्-
पार्थिवमण्डं निवृत्तिकला ।
[१]लकुलीश[२]भारभूति-
[३]दिण्ड्या[४]षाढी च [५]पुष्कर[६]निमेषौ ॥
[७]प्रभास[८]सुरेशाविति
सलिले प्रत्यात्मकाष्टकं प्रोक्तम् ।
भैरवकेदारमहा-
काला मध्याम्रजल्पाख्याः ॥
श्रीशैलहरिश्चन्द्रा-
विति गुह्याष्टकमिदं महसि ।
भीमेन्द्राट्टाः सविमल-
कनखलनाखलकुरुस्थितिगयाख्याः ॥

अतिगुह्याष्टकमेतन्-
मरुति सतन्मात्रके साक्षे ।
स्थाणुसुवर्णाख्यौ किल
भद्रो गोकर्णको महालयकः ॥

अविमुक्तरुद्रकोटी-
वस्त्रापद इत्यदः पवित्रं खे ।
स्थूलस्थूलेशशङ्कु-
श्रुतिकालाश्चाथ मण्डलभृत् ॥

माकोटाण्डद्वितय-
च्छगलाण्डाष्टकं त्वहङ्कारे ।
अन्ये त्वहङ्कारान्ता-
स्तन्मात्राणीन्द्रियाणि चेत्याहुः ॥

धियि देवयोनयोऽष्टौ
प्रकृतौ योगाष्टकं किलाकृतप्रभृति ।
इति सप्ताष्टकभुवना
प्रतिष्ठितिः सलिलतस्तु मूलान्ता ॥

नरि वामाद्या रुद्रा
एकादश वित्कलानियतिषु स्यात् ।
प्रत्येकं भुवनद्वय-
मथ काले तत्त्रयं निशायां स्युः ॥

अष्टावष्टाविंशति-
भुवना विद्या नरान्निशान्तमियम् ।

विद्यायां पञ्च स्यु-
विंद्येशाष्टकमथैश्वरे तत्त्वे ॥
सादाख्ये पञ्चकमिति
अष्टादशभुवनिका शान्ता ।
अध्वानमिमं सकलं
देहे प्राणेऽथ धियि महानभसि ॥
संविदि च परं पश्यन्-
पूर्णत्वाद्भैरवीभवति ॥

---

*परमेसरसासणसुणिरूइउ
सुणिविमअलअद्धाणउ ।
झहुज्झतिसरीरिपवणि
संवेअ णिअपेक्खन्तउ पहुरइ परिउण्णु ॥

इति श्रीमदभिनवगुप्ताचार्यविरचिते तन्त्रसारे देशाध्वप्रकाशनं नाम सप्तममाह्निकम् ॥ ७ ॥

छाया *

परमेश्वरशासनसुनिरूपित-
सुविमलसकलाध्वानम् ।
धियि नभसि शरीरे प्राणे
संविदि निरीक्ष्य पश्यति परमेशम् ॥

---

७ एवं सर्वेषां भुवनानां संख्या अष्टादशोत्तरं शतं, यदुक्तम् ।
'एवं तु सर्वतत्त्वेषु शतमष्टादशोत्तरम् ।
भुवनानां परिज्ञेयं संक्षेपान्न तु विस्तरात् ॥'
इति ।

अथ अष्टममाह्निकम् ।

अथ तत्त्वाध्वा निरूप्यते ।

यदिदं विभव[१]ात्मकं भुवनजातमुक्तं गर्भीकृतानन्तविचित्रभोक्तृभोग्यं, तत्र यदनुगतं – महाप्रकाशरूपं[२] तत् महासामान्यकल्पं परमशिवरूपम् । यत्तु कतिपयकतिपयभेदानुगतं रूपं तत्तत्त्वं, यथा पृथिवी[३] नाम धृतिकाठिन्यस्थौल्यादिरूपा कालाग्निप्रभृति-वीरभद्रान्तभुवनेशाधिष्ठितसमस्तब्रह्माण्डानुगता । तत्र एषां तत्त्वानां कार्यकारणभावो दर्श्यते, स च द्विविधः – पारमार्थिकः[४] सृष्टश्च[५] । तत्र पारमा-

---

१ स्वातन्त्र्यस्फारात्मकम् ।

२ 'नाप्रकाशः प्रकाशते' इति न्यायेन स्वातन्त्र्यस्फारमयत्वात् विश्वस्य प्रकाशान्यथानुपपत्त्या यत् अनुयायि रूपं भासते स एव शिव इति ।

३ यदुक्तम् ।

> 'तथाहि कालसदनाद्वीरभद्रपुरान्तगम् ।
> धृतिकाठिन्यगरिमाद्यवभासाद्धरात्मता ॥'

इति । तेन यथा सास्नादियोगात् दण्डमुण्डादौ गोत्वव्यपदेशस्तथा धृत्याद्यवभासात् कालाग्न्यादेः पृथिवीत्वव्यपदेशः ।

४ पारमार्थिक इत्यस्यायं भावः – लौकिकदृष्ट्या सृष्ट्याद्याविर्भावेऽपि स्वतन्त्रप्रकाशस्वरूपस्फारमयत्वादस्य विश्वस्य सृष्टावपि स्वरूपाभिन्नरूपया

र्थिक एतावान् कार्यकारणभावो – यदुत कर्तृस्वभावस्य स्वतन्त्रस्य भगवत एवं-विधेन शिवादिधरान्तेन वपुषा स्वरूपभिन्नेन स्वरूपविश्रान्तेन च प्रथनं । कल्पितस्तु कार्यकारणभावः परमेशेच्छया नियतिप्राणया निर्मितः, स च यावति यदा नियतपौर्वापर्यावभासनं सत्यपि [६]अधिके स्वरूपानुगतम् एतावत्येव, ते[७]न योगीच्छातोऽपि अङ्कुरो बीजादपि, स्वप्नादौ घटादेरपीति । त[८]त्रापि च परमेश्वरस्य कर्तृत्वानपाय इति अकल्पितोऽपि असौ पारमार्थिकः स्थित एव । पारमार्थिके हि भित्तिस्थानीये

स्थित्या स्वरूपविश्रान्त्या च संहृत्या स्थितत्वात् न किञ्चित् स्वरूपातिरिक्तत्वमस्य संजातमिति न किञ्चित् काल्पनिकत्वमिति पारमार्थिकत्वम् ।

५ ननु यद्येवं तर्हि विश्वप्रतिष्ठा इयं नियमेनावभासमाना कथं तिष्ठतीत्यतः काल्पनिकः कार्यकारणभावो विश्वप्रतिष्ठायै अवश्यं कल्पनीय इत्याह सृष्ट इति, सृष्टो नियत्यवस्थापितः ।

६ अधिक इति तेन दण्डचक्रादेः सत्यपि अन्वये मृदेव कारणं, तत्तु सहकारी इति स्वरूपानुगम इति तेन कृत्तिकारोहिण्युदयादौ कार्यकारणस्य सत्यपि पौर्वापर्यावभासे निरासः, नहि तत्र रूपान्वयः ।

७ तेनेति रूपान्वयोपकृतपौर्वापर्यनियमात्मककार्यकारणताया यतोऽवभासनं परमेशेच्छया न तु वास्तवतया ।

८ ननु स्वप्ने घटादङ्कुर इति भ्रान्तिः?, नैवं-स्वप्ने प्रबोधपर्यन्तं तस्यावभासः, अत एव चोक्तं स च तावत्येवेति । यद्येवं स्वगृहसहवर्तनम्, इत्याह तत्रापीति ।

स्थिते रूपे सर्वम् इदम्[९] उल्लिख्यमानं घटते न अन्यथा, अत एव सामग्र्या[१०] एव कारणत्वं युक्तं । सा हि समस्तभावसंदर्भमयी स्वतन्त्रसंवेदनमहिम्ना, तथा नियतनिजनिजदेशकालभावराशिस्वभावा प्रत्येकं वस्तुस्वरूपनिष्पत्तिसमये तथाभूता, तथाभूताया हि अन्यथाभावो यथा यथा अधिकीभवति तथा तथा कार्यस्यापि विजातीयत्वं तारतम्येन पुष्यति, — इत्येवं संवेदनस्वातन्त्र्यस्वभावः परमेश्वर एव विश्वभावशरीरो[११] घटादेर्निर्माता — कुम्भकारसंविद्-

---

९ कल्पितकार्यकारणभावगतं मृद्दण्डादि ।

१० समग्राणामेकप्रमातृविश्रान्तिसतत्त्वमेकं रूपं सामग्री, न पुनर्व्यस्ताः समग्रा दण्डादयः कारणम् । यदुक्तम्

'आरम्भे भव सर्वत्र कर्म वा करणादि वा ।
विश्वमस्तु स्वतन्त्रस्तु कर्ता तत्रैकको भवान् ॥

इति । तथान्यत्रापि

देशकालपदार्थानां यद्यद्वस्तु यथा यथा ।
तत्तद्रूपेण या भाति तां श्रये संविदं कलाम् ॥'

इति ।

११ 'दृश्यं शरीरम्' इति शिवसूत्रोक्तनीत्या विश्वभावशरीरः । ननु च कथं प्रत्यक्षदृष्टमपि वैपरीत्येन प्रतीतिगोचरतामियात् यतः कुम्भकारस्य घटकरणे कर्तृत्वं प्रत्यक्षतो दृश्यते नाप्रत्यक्षस्य शिवस्य, कुम्भकारस्य प्रत्यक्षतो व्याप्रियमाणस्य दृष्टत्वादित्यत आह कुम्भकारसंविद् इति । उक्तं च तन्त्रालोके ।

स्ततोऽनधिकत्वात् कुम्भकारशरीरस्य च भाव-राशिमध्ये निक्षेपात् कथं कुम्भकारशरीरस्य कर्तृत्वाभिमानः? इति चेत् – परमेश्वरकृते[१२] एवासौ घटादिवत्[१३] भविष्यति। तस्मात् सामग्रीवादोऽपि विश्वशरीरस्य संवेदनस्यैव[१४] कर्तृतायाम् उपोद्बलकः। मेरौ[१५] हि तत्रस्थे न भवेत् तथा-

'कुम्भकारस्य या संविच्चक्रदण्डादियोजने।
शिव एव हि सा यस्मात्संविदः का विशिष्टता॥'

इति। ननु च शरीरेणैव क्रियाकर्ता कुम्भकारो लक्ष्यते इति शिरःपृष्टकटिचालनन्यायेन 'कुम्भकारसंविद' इति असमञ्जसम्, इति स्वात्मनि अपरितुष्यन्तं प्रति पुनरप्याह कुम्भकारशरीरस्य इत्यादि, यथा भावराशौ न कस्यचित् कर्तृत्वे विवादः तथा शरीरस्यापि जडत्वात् भावराशिसमत्वम् इति, नहि अनयोरस्तित्वे कोऽपि विशेषः – उभयोरपि परतन्त्रत्वात् इत्यलम्।

१२ प्रतिभुव इव आधमर्ण्याभिमानः।

१३ कुम्भकारशरीरस्य कर्तृताभिमानो घटसदृशः, अभिमानघटयोः सादृश्यमित्यर्थः।

१४ व्यस्तपक्षस्तावत् दूरत एव स्थितः, नहि व्यस्ता मृच्चक्रदण्डादयः कदाचिदपि घटनिर्माणसमर्थाः, समस्ताः पुनरेकप्रमातृविश्रान्तिं विना न समर्था इत्यविवादः।

१५ 'मेरौ हि' इत्यत्र मेरुशब्देन देवैर्दुर्लभत्वं बृहत्त्वमेकत्वं च। 'तथाविधो घटो न भवेत्' इत्यत्र तथाविधशब्देन मानुष्यैस्त्याज्यत्वमणुत्वमनेकत्वं च ध्वन्यते।

'अनन्तशक्तिधारित्वान्मेरुं वै घटनायकम्।
ज्ञात्वा संपादितं क्षीणा किं शिवे कर्तृता ततः॥'

इत्यनेन मेरुकरणमपि अकिंचित्कौशलावहं शिवस्य, इत्यादि अन्यत्रोक्तम्

विधो घटः । एवं कल्पितेऽस्मिन् कार्यत्वे शास्त्रेषु तत्त्वानां कार्यकारणभावं प्रति यत् बहुप्रकारत्वं[१६] तदपि संगतं, गोमयात् कीटात् योगीच्छातो मन्त्रादौषधात् वृश्चिकोदयवत् । [१७]तत्र निजतन्त्रदृशा तं कल्पितं दर्शयामः । तत्र परमेश्वरः पञ्चभिः शक्तिभिः निर्भर[१८] इत्युक्तम्, स स्वातन्त्र्यात् शक्तिं तां तां मुख्यतया[१९] प्रकट-

'खगोलमध्यचारी यः सविता विश्वरूपधृत् ।
तस्य सत्तां स्वेच्छयैव कुर्वती कर्तृता शिवे ॥'

इत्यादि ।

१६ 'अत एव तथाभानपरमार्थतया स्थितेः ।
कार्यकारणभावोऽस्य लोके शास्त्रे च कथ्यते ॥
मायातोऽव्यक्तकलयोरिति रौरवसंग्रहे ।
श्रीपूर्वे तु कलातत्त्वादव्यक्तमिति कथ्यते ॥'

इत्यादि बहुप्रकारत्वम् ।

१७ एवं बहुप्रकारतायां कस्य न्यायत्वम्, बहुप्रकारत्वे हि सुकटक-क्षोभन्यायेन अलं परवादनिराकरणेन इति महान् व्यामोहः संपन्नः इति, तन्निराकर्तुमाह तत्रेत्यादिना । निजतन्त्रदृशा—पूर्वशास्त्रदृशा ।

१८ निर्भरः—परिपूर्णः । यदुक्तम्

'शिवशक्तिसदाशिवतामीश्वरविद्यामयीं च तत्त्वदशाम् ।
शक्तीनां पञ्चानां विभक्तभावेन भासयति ॥'

इति ।

१९ सर्वत्र हि पञ्चशक्तिसंभव इति मुख्यत्वमेकस्याः, अपरासां गौणत्वं न तु असंभव एव ।

पं० १ क० पु० एवं हि विकल्पते इति पाठः ।
पं० २ ख० पु० कारणभावत्वं प्रति इति पाठः ।

१०

यन् पञ्चधा[20] तिष्ठति। चित्प्राधान्ये शिवतत्त्वम्, आनन्दप्राधान्ये शक्तितत्त्वम्, इच्छाप्राधान्ये सदाशिवतत्त्वम्—इच्छाया हि ज्ञान-क्रिययोः साम्यरूपाभ्युपगमात्मकत्वात्, ज्ञानशक्तिप्राधान्ये ईश्वरतत्त्वम्, क्रियाशक्तिप्राधान्ये विद्या[21]-तत्त्वम् इति। अत्र च तत्त्वेश्वराः शिव-शक्ति-सदाशिवेश्वरानन्ताः—ब्रह्मेव निवृत्तौ[22],एषां सामान्यरूपाणां विशेषा अनुगतिविषयाः पञ्च, तद्यथा—

---

२० इह खलु चिन्मात्रस्वभावः पर एव शिवः, पूर्णत्वात् निराशंसोऽपि स्वस्वातन्त्र्यमाहात्म्यात् बहिरुल्लिलसिषया परानन्दचमत्कारतारतम्येन प्रथममहमिति परामर्शरूपतया शक्तिदशामधिशयानः प्रस्फुरेत्, अनन्तरमहमिदमिति च परामर्शद्वयात्मतामवभासयेत् तत्र च शुद्धचिन्मात्राधिकरण एव अहमित्यंशे यदा परमेश्वर इदमंशमुल्लासयति तदा तस्योन्मीलितमात्रचित्रकल्पभावराशिविषयत्वेन अस्फुटत्वादिच्छाप्रधानं सदाशिवतत्त्वम् अहमिदमिति, भावराशौ स्फुटीभूते तदधिकरण एव इदमंशे यदाहमंशं निषिञ्चति तदा ज्ञानशक्तिप्रधानमीश्वरतत्त्वम् इदमहमिति, प्ररूढभेदभावराशिगतेदमंशस्फुरणे तु चिन्मात्रगतत्वेन अहमंशो यदा समुल्लसति भेदाद्वैतवादिनामिव ईश्वरस्य यः समधृततुलापुटन्यायेन अहमिदमिति परामर्शः तत्क्रियाशक्तिप्रधानं विद्यातत्त्वमिति पञ्चधा विभागः ।

२१ इयत्पर्यन्तं शिवाद्यवस्थाभेदेऽपि स्वस्वरूपस्य अखण्डनिराशंसस्वभावत्वात् न कश्चिदवस्थाभेदः मायोपरि वर्तमानत्वात् तुर्यरूपत्वात् इति स्वातन्त्र्यलक्षणमेव तत्त्वपञ्चकम् ।

२२ निवृत्तौ—वक्ष्यमाणायां निवृत्तिकलायाम् । नन्वनेकत्र एकरूपानुगमस्तत्त्वमित्युक्तम् तथा चात्र कथमित्याह एषामिति ।

शाम्भवाः शाक्ताः मन्त्रमहेश्वराः मन्त्रेश्वराः मन्त्रा, —इति शुद्धोध्वा । इयति साक्षात् शिवः कर्ता, [२३]अशुद्धं पुनरध्वानमनन्तापरनामाघोरेशः सृजति, ईश्वरेच्छावशेन प्रक्षुब्धभोग[२४]लोलिकानामणूनां भोगसिद्ध्यर्थम् । तत्र[२५] लोलिकोऽपूर्णम्मन्यतारूपः परिस्पन्दः [२६]अकर्मकमभिलाषमात्रमेव भविष्यदवच्छेदयोग्यतेति न मलः पुंसस्तत्त्वान्तरम् । रागतत्त्वं तु कर्मावच्छिन्नोऽभिलाषः । [२७]कर्म तु तत्र कर्ममात्रं, बुद्धिधर्मस्तु रागः [२८]कर्मभेदचित्र इति विभागो

---

२३ मायाप्रभृतिकम् ।

२४ 'क्षोभस्य लोलिकाख्यस्य सहकारितया स्फुटम् ।
तिष्ठासा योग्यतौन्मुख्यमीश्वरेच्छावशाच्च तत् ॥'

इति कार्ममलस्य सहकारितायामुन्मुखतैव भोगलोलिका ।

२५ ननु

'तत्रापि कार्ममेवैकं मुख्यं संसारकारणम् ।'

इति सर्वत्र कार्ममेव संसारकारणमुक्तम् इह पुनः केयं लोलिका इत्यत आह तत्रेत्यादि ।

२६ क्रियारूपत्वाभावात् अकर्मकमिच्छामात्रं, प्रतिनियतविषयाभावात् भविष्यदवच्छेदः, अत एव न मलस्तत्त्वान्तरम् । साक्षादवच्छेदाधायकत्वाभावेन नहि एतत् किंचिद्वस्तु अपि तु पूर्णस्वरूपाख्यातिमात्रमित्यर्थः ।

२७ किंचिन्मे भूयादिति सामान्यरूपम् ।

२८ बुभुक्षा-पिपासादिविशेषरूपेण चित्र इति ।

वक्ष्यते । सोऽयं[29] मलः परमेश्वरस्य स्वात्मप्र-
च्छादनेच्छातः नान्यत् किंचित्, वस्त्वपि च
तत्[30]—परमेश्वरेच्छात्मनैव धरादेरपि[31] वस्तुत्वात्।
स च[32] मलो विज्ञानकेवले विद्यमानो ध्वंसो-
न्मुख इति न स्वकार्यं कर्म आप्याययति।
प्रलयकेवलस्य तु जृम्भमाण एव आस्त इति
मलोपोद्वलितं कर्म संसारवैचित्र्यभोगे निमि-
त्तम्—इति तद्भोगवासनानुविद्धानामणूनां भो-
गसिद्धये श्रीमान् अघोरेशः सृजति इति युक्त-
मुक्तं, मलस्य च प्रक्षोभ ईश्वरेच्छा[33]बलादेव

२९ ननु स्वतन्त्रो बोध एव परमार्थ इति सिद्धान्तः, तदतिरिक्तः कुतो मलो नाम वस्तुतामियादित्याशङ्क्याह सोऽयमिति ।

३० प्रच्छादनात्मरूपत्वात् ।

३१ परप्रकाशाव्यतिरिक्तत्वेऽपि यथा धरादिरूपत्वं तथा मलोऽपीत्यर्थः ।

३२ ननु

'स पुनः शांभवेच्छातः शिवाभेदं परामृशन् ।
क्रमान्मन्त्रेशतावेद्यरूपो याति शिवात्मताम् ॥'

इत्युक्तत्वात् कथं विज्ञानकेवलस्यापि मलोऽस्तीत्याशङ्क्याह स चेति ।

३३ तेन वस्तुसामर्थ्यपक्षनिरासः । एतदेवोपोद्वलयति जडेत्यादि ।

पं० ३ ख० पु० परमेश्वरेच्छात्मन एव धरादेरिति पाठः ।

पं० ४ ग० पु० मलस्तेषां विद्यमान इति पाठः ।

पं० ६ ख० पु० इति तेषां मलोद्वलितमिति, ग० पु० इति तेषां विज्ञानकेवले इति च पाठः ।

पं० ९ क० पु० युक्तम् उक्तमलस्येति पाठः ।

जडस्य स्वतः कुत्रचिदपि असामर्थ्यात् । अणुर्नाम[३४] किल चिदचिद्रूपावभास एव, तस्य चिद्रूपमैश्वर्यमेव, अचिद्रूपतैव मलः, तस्य च स्रजतः परमेश्वरेच्छामयं तत एव च नित्यं[३५] स्रक्ष्यमाणवस्तुगतस्य रूपस्य जड[३६]तयाभासयिष्यमाणत्वात् जडं सकलकार्यव्यापनादिरूपत्वाच्च व्याप[३७]कं मायाख्यं तत्त्वम् उपादानकारणं, तदवभासकारिणी च परमेश्वरस्य[३८] माया

यदुक्तं

'न जडश्चिदधिष्ठानं विना क्वापि क्षमो यतः ।'

इति ।

३४ ननु च अलमत्र पराद्वयकथनेन, यतो व्यतिरिक्तानेव अणून्प्रति मलमीश्वरो नियुञ्ज्यात् इत्याक्षेपमाशङ्क्याह अणुरित्यादि तेन चिद्रूपत्वान्महेश्वर एव प्रकाशात्मा अणुर्नाम, अचिद्रूपतैव स्वस्वातन्त्र्यात् गृहीतमलरूपता । यथोक्तम् ।

'शिव एव गृहीतपशुभावः ।'

इति ।

३५ माशब्दवाच्याद्विनाशरूपान्निषेधाद्याता इति मायाशब्दार्थानुगमात् ।

३६ ततश्च मीयते हेयतया परिच्छिद्यते योगिभिरिति ।

३७ सर्वत्र मातीति सूक्ष्मत्वाद्व्यापकम् ।

३८ निखिलजगदुल्लासनक्रीडाशालिनः परमेश्वरस्य भेदावभासने स्वातन्त्र्यं, ततश्च अपूर्णताप्रथनेन मीनाति हिनस्ति इति मायाशक्तिरुच्यते ।

पं० ५ क० पु० स्रक्ष्यमाणवस्तुगतस्यार्थस्य जडतयेति पाठः ।

नाम शक्तिस्ततोऽन्यैवै[३९]। एवं कलादितत्त्वानां धरान्तानामपि द्वैरूप्यं निरूप्यम्। अत्र च द्वैरूप्ये प्रमाणमपि आहुरभिनवगुप्तगुरवः। यत् संकल्पे भाति तत्पृथग्भूतं बहिरपि अस्ति स्फुटेन वपुषा घटं[४०] इव। तथा च मायाकलादिखपुष्पादेरपि[४१] एषैव वर्तनी इति केवलान्वयी हेतुः। अनेन च मायाकलाप्रकृतिबुद्ध्यादिविषयं साक्षात्काररूपं ज्ञानं ये भजन्ते तेऽपि सिद्धाः

---

३९ ननु च यदि नाम मायाशक्तिर्देवस्याव्यभिचारिणीत्युपगतम् तत्कथमसौ भेदनिरूपणं तत्त्वभावमियात्, अत्रोच्यते यथा पारमेश्वर्य एव शक्तयः कलाद्या अपि तत्त्वव्यपदेशभाजस्तथा मायापि, तथा चोक्तम्।

'निरुद्धशक्तेर्या किंचित्कर्तृतोद्बलनात्मिका।
नाथस्य शक्तिः साधस्तात्पुंसः क्षेप्त्री कलोच्यते॥
यथा च माया देवस्य शक्तिरभ्येति भेदिनम्।
तत्त्वभावं तथान्योऽपि कलादिस्तत्त्वविस्तरः॥'

इति।

४० तेनायमत्र प्रयोगः—तन्मात्रादि तत्त्वजातं बहिरस्ति संकल्पादौ पृथग्भानात्, यत् संकल्पादौ पृथग्भवति तद्बहिरस्ति यथा घटादिः, यन्न बहिरस्ति तन्न पृथग्भाति यथा परमात्मा, पृथग्भाति च तन्मात्रादि तत्त्वजातं तस्माद्बहिरस्ति परमात्मनश्च 'सकृद्विभातोऽयमात्मा' इत्यादौ पृथगवभासः स्थितोऽपि विद्युदुद्द्योतनवत् न प्ररोहमुपगच्छेत्। 'स्वातन्त्र्यामुक्तमात्मानम्' इत्यादिन्यायेन मूलभूतानवच्छिन्नाहंविमर्शमयत्वस्य तिरोभावाभावात्।

४१ खपुष्पादेरपि कालदिङ्मात्रसापेक्षं नास्तित्वम् इति एषैव वर्तनी अतो नैव विचारः।

सिद्धौ[४२] एव । एवं स्थिते मायातत्त्वात् विश्वप्रसवः[४३] ।
स च यद्यपि अक्रममेव[४४] तथापि उक्तदृशा[४५] क्रमो-
ऽवभासते इति । सोऽपि उच्यते, तत्र प्रत्यात्म
कलादिवर्गो भिन्नः — तत्कार्यस्य कर्तृत्वोपोद्वल-
नादेः प्रत्यात्मभेदेन उपलम्भात्[४६], स तु वर्गः[४७]
कदाचित् एकीभवेत्[४८] अपि ईश्वरेच्छया सामा-
जिकात्मनामिव, तत्र सर्वोऽयं कलादिवर्गः
शुद्धः[४९] यः परमेश्वरविषयतया तत्स्वरूपलाभा-
नुगुणनिजकार्यकारी — संसारप्रतिद्वन्द्वित्वात् ।
स च परमेश्वरशक्तिपातवशात् तथा भवति

---

४२ मायादीनां शक्तिरूपत्वेनापि निरूपणात् ।

४३ मायाया हि सर्वात्मसु सामान्यतया स्थितत्वात् ।

४४ पारमार्थिककार्यकारणभावेन ।

४५ काल्पनिकेन कार्यकारणभावेन ।

४६ किंचित्कर्तृत्वज्ञत्वादेस्तत्कार्यजातस्य प्रत्यात्म भिन्नतयानुभवात् । कश्चित् किंचित्कृत्वा वेत्ति, कश्चिदन्यत्कृत्वा जानाति इति प्रत्यात्मभेदोपलम्भः ।

४७ वर्गः—कलादिवर्गः ।

४८ नटमल्लप्रेक्षादौ ।

४९ तत्र कलायाः शुद्धत्वं परमेश्वरार्चनध्यानादिविषयम्, रागो भगवद्विषयमभिष्वङ्गं संप्रसूयते, विद्यापि तद्विषयं विवेकम्, कालश्च तदुपदेशादिविषयमेव कलनं, नियतिश्च तदाराधनादावेव नियमनम् ।

पं० १ क० पु० सिद्धा इति पदं सकृदेव ।

पं० ९ क० पु० कार्यानुकारी इति पाठः ।

इति वक्ष्यामस्तत्प्रकाशने । अशुद्धस्तु तद्विपरीतः । तत्र मायातः कला जाता, या सुप्तस्थानीयम् अणुं किंचित्कर्तृत्वेन युनक्ति[५०], सा च उच्छूनतेव संसारबीजस्य, मायाणवोरुभयोः[५१] संयोगात् उत्पन्नापि मायां विकरोति, न अविकार्यमणुम्— इति मायाकार्यत्वम्[५२] अस्याः । एवम् अन्योन्यश्लेषात् अलक्षणीयान्तरत्वं पुंस्कलयोः । मायागर्भाधिकारिणस्तु[५३] कस्यचिदीश्वरस्य प्रसादात् सर्वकर्मक्षये मायापुरुषविवेको भवति, येन मायोर्ध्वे विज्ञानाकल आस्ते, न जातुचित् मायाधः, कलापुंविवेको वा येन

---

५० माया हि चिन्मयाच्छिवाद्भेदं विदधती अणोः सुप्ततामिवापादयति इति अद्वविक्रियत्वे विद्याकलयोरुपयोगः ।

५१ ननु कलादिपुंयोगो मायाकार्यमिति कथं निश्चिनुमः, कलाया मायैव उपादानं नाणुरित्याशङ्क्याह मायाण्वोरिति । तथा चोक्तम् ।

'कला मायाणुसंयोगजाप्येषा निर्विकारकम् ।
नाणुं कुर्यादुपादानं किन्तु मायां विकारिणीम् ॥'

इति ।

५२ तथा चोक्तम् ।

'मलश्चावारको माया भावोपादानकारणम् ।
कर्म स्यात्सहकार्येव सुखदुःखोद्भवं प्रति ॥'

इति । उपादानकारणं हि स्वरूपविकारमासाद्य कार्यानुगामित्वेन वर्तते यथा घटादौ मृत् नैवमणुः, तस्य चिदेकरूपत्वेन नित्यत्वात् अतश्च उभयसंयोगजत्वेऽपि अस्या मायैव उपादानकारणम् इति ।

५३ अनन्तेशस्य ।

[54]कलोर्ध्वे तिष्ठति। प्रकृतिपुरुषविवेको वा येन प्रधानाधो न संसरेत्। मल[55]पुरुषविवेके तु शिवसमानत्वं। [56]पुरुषपूर्णतादृष्टौ तु शिवत्वमेवेति। एवं कलातत्त्वमेव किंचित्कर्तृत्वदायि, न च कर्तृत्वम् अज्ञस्य इति। किंचिज्ज्ञत्वदायिन्यशुद्धविद्या कलातो जाता, सा[57] च विद्या बुद्धिं पश्यति, तद्गतांश्च सुखादीन् विवेकेन गृह्णाति। [58]बुद्धेर्गुणसंकीर्णाकाराया विवेकेन ग्रहीतुमसामर्थ्यात्। तस्मात् बुद्धिप्रतिबिम्बितो भावो विद्यया विविच्यते। किंचि-

---

५४ येन मायाधो न संसरेत्।

५५ यद्येवं तन्मायोर्ध्वं कदा गच्छति इत्याह मलपुरुषेति।

५६ मलसंस्कारप्रशमे स्वातन्त्र्याख्यविमर्शदार्ढ्ये सति।

५७ ननु सांख्यैरनभिहितस्य कर्तृत्वस्य उपपादकं कलातत्त्वं चेदुच्यते युक्तमेतत्, तैः पुनर्बुद्ध्यादिद्वारेण उक्तस्य ज्ञत्वस्याभिधायि विद्यातत्त्वं किमर्थम् इत्याह सेति।

५८ यद्यपि सांख्याः 'वरणात्मना तमसा समावृतमपि रजसा शनैः तदपसारणात् क्वचिदेव प्रवर्तितं सत् अविशेषेण प्रकाशात्मकमपि सत्त्वं क्रमेण सुखादि प्रकाशयेदिति त्रिगुणापि बुद्धिः क्रमेण सुखाद्यात्मनो विषयस्य विवेकेन प्रदर्शिका' इति कथयन्ति, तथापि बुद्धिः सुखाद्यात्मकं विषयं दर्पणवदेव दर्शयेत् न विवेकेन गुणसंकीर्णत्वात् इत्यत आह बुद्धेर्गुणसंकीर्णाकाराया इत्यादि।

पं० ४ ख० पु० कर्तृत्वाभिधायि इति पाठः।

११

त्कर्तृत्वं किंचिद्रागसिद्धये [५९]क्वचिदेव कर्तृत्वम् इत्यत्र अर्थे पर्यवस्यति, क्वचिदेव च इत्यत्र भागे रागतत्त्वस्य व्यापारः । [६०]न च अवैराग्यकृतं तत्—अवैराग्यस्यापि अरक्तिदर्शनात् । वैराग्ये धर्मादावपि रक्तिर्दृश्यते । तृप्तस्य च अन्नादौ—अवैराग्याभावेऽपि अन्तःस्थरागानपायात् । तेन विना पुनरवैराग्यानुत्पत्तिप्रसङ्गात्[६१] । कालश्च कार्यं [६२]कलयंस्तदवच्छिन्नं कर्तृत्वमपि कलयति, तुल्ये क्वचित्त्वे अस्मिन्नेव कर्तृत्वम् इत्यत्रार्थे नियतेर्व्यापारः । कार्यकारणभावेऽपि अस्या एव व्यापारः तेन कलात एव एतच्चतुष्कं जातम्, [६३]इदमेव किंचिदधुना जानन् अभिष्वक्तः करोमि इत्येवं-

---

५९ ननु किञ्चिज्ज्ञत्वेनैव किञ्चित्कर्तृत्वमपि आक्षिप्तमिति किमर्थं किञ्चित्कर्तृत्वमित्यत्र पुनः किञ्चिच्छब्दनिर्देश इत्यत आह क्वचिदेवेति ।

६० ननु अवैराग्यलक्षणो बुद्धिधर्मोऽत्र साङ्ख्यैर्निमित्तमुक्तमिति किमनेनापूर्वेण रागतत्त्वेनेत्याह न चेत्यादि ।

६१ तेन रागतत्त्वस्यैवायं महिमा यत् बुद्धाववैराग्यादीनां सर्वेषामेव धर्माणां बहिष्पर्यन्ततया विशेषेणोल्लास इति ।

६२ अकरवं करोमि करिष्यामि इति प्रतीत्यन्यथानुपपत्त्या ।

६३ इदमेवेत्यादिना माया-कला-काल-विद्या-राग-नियतीनां क्रमेण निर्देशः ।

रूपा संविद् देहपुर्यष्टकादिगता पशुरित्युच्यते। तदिदं मायादि[६४]षट्कं कञ्चुकषट्कम् उच्यते । संविदो मायया अपहस्तितत्वेन कलादीनाम् उपरिपातिनां कञ्चुकवत् अवस्थानात् । एवं किंचित्कर्तृत्वं यत् मायाकार्यं तत्र किंचित्त्व-विशिष्टं यत् कर्तृत्वं विशेष्यं, तत्र व्याप्रियमाणा कला विद्यादिप्रसवहेतुः, इति निरूपितम् । इदानीं विशेषणभागो यः किंचिदि-[६५]त्युक्तो ज्ञेयः कार्यश्च तं यावत् सा कला स्वात्मनः पृथक् [६६]कुरुते तावत् एष एव सुख-दुःखमोहात्मकभोग्यविशेषानुस्यूतस्य सामान्य[६७]-मात्रस्य तद्गुणसाम्यापरनाम्नः प्रकृतितत्त्वस्य सर्गः, इति भोक्तृभोग्ययुगलस्य सम[६८]मेव कला-

६४ मायादिकं हि तण्डुलकल्पे आत्मनि तुषवत्संलग्नं स्थितम् ।

६५ कलायास्तावत् किञ्चिद्रूपताविशिष्टं कर्तृत्वं लक्षणं, तत्र विशेष्य-भागे विशेष्यांशरूपं यत्कर्तृत्वं तत् भोक्तृरूपं, तथा कर्तृत्वस्य स्वयम-नवच्छिन्नत्वेऽपि यत् किञ्चिद्विषयत्वात् किञ्चिद्रूपत्वं विशेषणांशरूपं तद्वेद्यपक्ष एव स्थितम् ततश्च तदंशप्रयोजकीकारेण उल्लासितं सत् भाविवेद्यविशेषापेक्षया वेद्यसामान्यात्मकं भोग्यरूपं प्रधानम् इति ।

६६ बहीरूपतया व्यक्ततां नयति ।

६७ विशेषस्य सामान्यपूर्वकत्वात् साम्यात्मकस्याविभागरूपस्य प्रधा-नतत्त्वस्येत्यर्थः ।

६८ यदुक्तम्

'सममेव हि भोग्यं च भोक्तारं च प्रसूयते ।

तत्त्वायत्ता सृष्टिः । अत्र चैषां वास्तवेन पथा [69] क्रमवन्ध्यैव सृष्टिरित्युक्तं, क्रमावभासोऽपि चास्तीत्यपि[70] उक्तमेव । क्रमश्च विद्यारागादीनां विचित्रोऽपि दृष्टः कश्चिद्रज्यन् वेत्ति कोऽपि विदन् रज्यते इत्यादि । तेन भिन्नक्रमनिरूपणमपि रौरवादिषु शास्त्रेषु अविरुद्धं मन्तव्यं, तदेव तु भोग्यसामान्यं प्रक्षोभगतं गुणतत्त्वम् । यत्र[71] सुखं भोग्यरूपप्रकाशः सत्त्वम्, दुःखं प्रकाशाप्रकाशान्दोलनात्मकम् अत एव क्रियारूपं रजः, मोहः प्रकाशाभावरूपस्तमः । त्रित-

---

कला भेदाभिसन्धानादवियुक्तं परस्परम् ॥'

इति । वस्तुतो हि अनयोः

'भोक्तैव भोग्यभावेन सदा सर्वत्र संस्थितः ।'

इत्याद्युक्तेरद्वयपारमार्थिकतया अभेदेऽपि मायीयं भेदमभिसंधाय परस्परसापेक्षालक्षणमवियुक्तत्वं दर्शितमिति ।

६९ परस्परसापेक्षत्वात् क्रमस्येति भावः ।

७० एकः क्रमः, स च विचित्र इति अपिशब्दार्थः शत्रुऋद्धिमन्न्यायेन । एकः शत्रुः स एव ऋद्धिमानिति शत्रुऋद्धिमन्न्यायः ।

७१ ननु सत्त्वरजस्तमसां साम्यावस्था प्रकृतिरिति सांख्योक्तनीतिः, तत्कथमुक्तं प्रकृतिगतं सुखादि भोग्यमित्याशङ्क्याह यत्रेति ।

पं० ६ ख० पु० रौरवसंग्रहाभिधे इति पाठः ।

यमपि एतत् भोग्यरूपम् । एवं[72] क्षुब्धात् प्रधानात् कर्तव्यान्तरोदयः, न अक्षुब्धादिति । क्षोभः अवश्यमेव अन्तराले अभ्युपगन्तव्य इति सिद्धं सांख्यापरिदृष्टं पृथग्भूतं गुणतत्त्वं[73] । स[74] च क्षोभः प्रकृतेस्तत्त्वेशाधिष्ठानादेव, अन्यथा नियतं पुरुषं प्रति इति न सिद्ध्येत् । ततो गुणतत्त्वात् बुद्धितत्त्वं यत्र पुंप्रकाशो विषयश्च प्र[75]-

---

७२ ननु सांख्योक्तनीत्या क्षुब्धमेव प्रधानं कार्यवर्गस्य कारणमस्तु तत् किमर्थमुक्तं कल्पनादायि गुणतत्त्वमित्याशङ्क्याह एवमिति । यदुक्तम्

'न वैषम्यमनापन्नं कारणं कार्यसूतये ।'

इति ।

७३ यदुक्तम्

'नैतत्कारणतारूपपरामर्शावरोधि यत् ।
क्षोभान्तरं ततः कार्यं बीजोच्छूनाङ्कुरादिवत् ॥'

इति । तेन गुणानामपि तत्त्वरूपत्वमभ्युपगन्तव्यमिति भावः ।

७४ ननु अस्या जडत्वात् कथं कार्यजननाय औन्मुख्यं जायते, ततश्च क्षुब्धत्वमपि न स्यात् इत्याह स च क्षोभ इत्यादिना । अयमत्र भावः— सांख्यमते हि पुंसो निर्विकारत्वात् बन्धमोक्षदशयोरविशेष एवेति बद्धवन्मुक्तमपि प्रति प्रकृतिः किमिव न महदादि विकारजातं जनयितुं प्रवर्तते प्रवृत्त्यात्मनः स्वभावस्यानपेतत्वात् । न चास्या दृष्टाहमनेन इति न पुनरेतदर्थं प्रवर्ते इत्यनुसंधानमस्ति आचैतन्यात् तस्मात् अनिर्मोक्ष एवेति । अस्मन्मते हि स्वतन्त्रेशकर्तृकः क्षोभः, अतो न कश्चित् दोष इति।

७५ द्विविधो हि विषयप्रतिबिम्बः अक्षद्वारेण प्रत्यक्षादौ अतद्द्वारेण उत्प्रेक्षादौ । पुंप्रकाशप्रतिबिम्बाधारत्वाच्च जाड्येऽपि विषयप्रकाशो बुद्धेरिति ।

पं० २ क० पु० कर्तृव्यापारान्तरोदय इति पाठः ।

तिबिम्बम् अर्पयतः । बुद्धितत्त्वात् अहङ्कारो[७६] येन बुद्धिप्रतिबिम्बिते वेद्यसंपर्के कलुषे पुंप्रकाशे अनात्मनि आत्माभिमानः शुक्तौ रजताभिमानवत् । अत एव कार इत्यनेन कृतकत्वम् अस्य उक्तं, सांख्यस्य तु तत् न युज्यते, स हि न आत्मनोऽहंविमर्शमयताम् इच्छति, वयं तु कर्तृत्वमपि तस्य इच्छामः । तच्च शुद्धं विमर्श एव अ[७७]प्रतियोगि स्वात्मचमत्काररूपोऽहमिति । एषोऽस्य अहंकारस्य [७८]करणस्कन्धः । [७९]प्रकृतिस्कन्धस्तु तस्यैव त्रिविधः सत्त्वादिभे-

---

७६ अहंकारस्य चासाधारणं कार्यमिहोपयोगित्वाल्लिख्यते, अहंकार एव संरम्भात्मिकया वृत्त्या प्राणादीनां प्रेरणं करोति येन कर्मभोगानुवेधनं तावत् जीवति, स एव च तदवसाने तेषामप्रेरणं करोति येन म्रियते । यथोक्तमन्यत्र

> 'अहंकृता पञ्चविधो वायुः संरम्भरूपया ।
> प्रेरितो जीवनाय स्यादन्यथा मरणं पुनः ॥'

इति ।

७७ एवं चास्या अहंकृतः शुद्धचित्स्वातन्त्र्यमयात् स्वात्ममात्रविश्रान्तिसतत्त्वात् स्वरसोदितादहम्भावात् इयान्विशेषः, यदियं जडायामनात्मरूपायां बुद्धावभिनिविष्टेति ।

७८ इन्द्रियरूपतेत्यर्थः ।

७९ कारणरूपतेत्यर्थः ।

दात् । तत्र सा[८०]त्त्विको यस्मात् मनश्च बुद्धीन्द्रियपञ्चकं च, तत्र मनसि जन्ये सर्वतन्मात्रजननसामर्थ्ययुक्तः स जनकः । श्रोत्रे तु [८१]शब्दजननसामर्थ्यविशिष्ट इति, यावत् घ्राणे गन्धजननयोग्यतायुक्त इति, भौतिक[८२]मपि न युक्तम् 'अहं शृणोमि' इत्याद्यनुगमाच्च स्फुटम् आहङ्कारिकत्वम्, [८३]करणत्वेन च अवश्यं कर्त्रंशस्पर्शित्वम्, अन्यथा करणान्तरयोजनायाम्

---

८० सात्त्विकः सत्त्वप्रधानो यतो गुणीभूततया रजस्तमसोरपि सद्भाव इत्यर्थः ।

८१   'अन्योन्यमिथुनाः सर्वे सर्वे सर्वत्र गामिनः ।'

इत्युक्त्या अन्योन्यमिथुनवृत्तित्वात्सत्त्वप्रधानेऽप्यहङ्कारे तमःप्रधानादहङ्कारात्तन्मात्राणामुत्पादः, सर्वविशिष्टादहङ्कारान्मनसः, तेनेदमापतति—यदहङ्कृतः सर्वतन्मात्रकरणत्वं, तेन मनसः शब्दादीनां ग्राह्यग्राहकभावो भवेत्, तत्रान्तःकरणत्रयस्य विशेषगुणा इच्छासंरम्भबोधाख्या इत्यन्यत्र निरूपिताः ।

८२ ग्राह्यग्राहकभावनियमान्यथानुपपत्त्या भौतिकत्वमिन्द्रियाणामिति तर्कमतं तथा च पार्थिवत्वात् घ्राणं गन्धस्यैव ग्राहकं न रसादेरिति तस्यायुक्ततां दर्शयति भौतिकत्वमित्यादिना ।

८३ श्रोत्रादीनामाहंकारिकतया करणत्वं घटते नान्यथा, कुतः ?—इत्याह करणेत्यादि । अन्यथेति कर्त्रंशादेव प्रेरणे क्रियाविषयत्वादिति चेत् न अनवस्था पतेत् आहंकारिकत्वे सति कर्त्रंशस्पर्शत्वं युक्तमहंपरामर्शानुवेधादहंकृतः ।

पं० ७ क० पु० कारणत्वे चेति पाठः ।

अनवस्थाद्यापातात् । कर्त्रंशश्च अहङ्कार एव, तेन मुख्ये करणे[८४] द्वे पुंसः, ज्ञाने विद्या, क्रियायां कला, अन्धस्य पङ्गोश्च अहन्तारूपज्ञानक्रियानपगमात्[८५], उद्रिक्ततन्मात्रभागविशिष्टात् तु सात्त्विकादेव अहंकारात् कर्मेन्द्रियपञ्चकम् 'अहं गच्छामि' इति अहङ्कारविशिष्टः कार्यकरणक्षमः पादेन्द्रियं, तस्य मुख्याधिष्ठानं बाह्यम् अन्यत्रापि तदस्त्येव इति रुग्णस्यापि न गतिविच्छेदः[८६] । न च कर्तव्यसांकर्यमुक्तादेव हेतोः क्रिया करणकार्या, मुख्यं च गमनादीनां क्रियात्वं न रूपाद्युपलम्भस्य, तस्य काणादतन्त्रे गुणत्वात्, तस्मात् अवश्याभ्युपेयः कर्मेन्द्रियवर्गः । स च पञ्चकः अनुस-

८४ यदुक्तम् ।

'विद्यां विना हि नान्येषां करणानां निजा स्थितिः ।
कलां विना न तस्याश्च कर्तृत्वे ज्ञातृता यतः ॥
कलाविद्ये ततः पुंसां मुख्यं तत्करणं विदुः ।'

इति ।

८५ अपगमे तु बाह्यमर्थं प्रति प्रवृत्तिर्न स्यात् । तदुक्तम्

'अत एव विहीनेऽस्मिन् बुद्धिकर्मेन्द्रियैः क्वचित् ।
अन्धे पङ्गौ रूपगतिप्रकाशो न न भासते ॥'

इति ।

८६ हस्तादौ गमनक्रियादर्शनादिति भावः ।

पं० ३ क० पु० पङ्गोः शान्ता ज्ञानरूपक्रिया इति पाठः ।

न्धेस्तावत्त्वात् । तथाहि बहिस्तावत्त्यागाय वा अनुसन्धिः आदानाय वा द्वयाय वा, उभयरहितत्वेन स्वरूपविश्रान्तये वा, तत्र क्रमेण पायुः पाणिः पाद उपस्थ इति । अन्तः प्राणाश्रयकर्मानुसन्धेस्तु वागिन्द्रियम्, तेन इन्द्रियाधिष्ठाने हस्ते यत् गमनं तदपि पादेन्द्रियस्यैव कर्म इति मन्तव्यम्, तेन कर्मानन्त्यमपि न इन्द्रियानन्त्यम् आवहेत्, इयति राजसस्य उपश्लेषकत्वम् इत्याहुः । अन्ये तु राजसान्मन इत्याहुः । अन्ये तु सात्त्विकात् मनो राजसाच्च इन्द्रियाणि इति । भोक्त्रंशाच्छादकात् तु तमःप्रधानाहंकारात् तन्मात्राणि वेद्यैकरूपाणि पञ्च । शब्दविशेषाणां हि क्षोभात्मनां यदेकम्

---

८७ यत्र हि इदं हेयमिदमुपादेयमिति क्षोभः प्रशाम्यति ।

८८ ननु च पाणिना विहरणं पादेनादानमित्यन्योन्यवृत्तिसांकर्यं कुतस्त्यमित्यत आह तेन इत्यादि । नहि पाणिर्विहरणं पादो वा आदानं करोति अपि तु एकस्मिन्नेवाधिष्ठाने पादः पाणिश्च विहरणमादानं च कुरुते सर्वशरीरव्यापकत्वादेव सहवृत्त्योपलम्भ इति न कश्चित् दोषः । तदुक्तम् ।

> 'एतत्कर्तव्यचक्रं तदसांकर्येण कुर्वते ।
> अक्षाणि सहवृत्त्या तु बुध्यन्ते संकरं जडाः ॥'

इति ।

८९ भोग्यांशस्योद्भूततया प्राधान्यात् ।

१२

अक्षोभात्मकं प्राग्भावि[९०] सामान्यम् अविशेषात्मकं तत् शब्दतन्मात्रं। एवं गन्धान्तेऽपि वाच्यं। तत्र शब्दतन्मात्रात् क्षुभितात्[९१] अवकाशदान[९२]व्यापारं नभः—शब्दस्य वाच्याध्यासाव[९३]काशसहत्वात् । शब्दतन्मात्रं क्षुभितं वायुः शब्दस्तु अस्य नभसा विरहाभावात् । रूपं क्षुभितं तेजः पूर्वगुणौ तु पूर्ववत् । रसः क्षुभित आपः पूर्वे त्रयः पूर्ववत् । गन्धः क्षुभितो धरा पूर्वे चत्वारः पूर्ववत् । अन्ये शब्दस्पर्शाभ्यां वायुः, इत्यादिक्रमेण पञ्चभ्यो धरणी इति मन्यन्ते । गुणसमुदायमात्रं च पृथिवी, नान्यो गुणी कश्चित्[९४] । अस्मिंश्च तत्त्वकलापे

---

९० यथोक्तम् ।

'विशेषाणां यतोऽवश्यं दशा प्रागविशेषिणी ।'

इति । तेन नैतन्मन्तव्यं किमेभिरपरोक्षैरविशेषैर्विशेषा एव प्रत्यक्षा अभ्युपगम्यन्तामिति ।

९१ क्षुभितात्—कार्यजननोन्मुखादित्यर्थः ।

९२ अवकाशदानव्यापारत्वान्नभसोऽनुगुणं कारणं शब्द इत्यर्थः ।

९३ तेन यथा शब्दः स्वात्मनि वाच्यस्याध्याससहत्वादवकाशं ददाति तथा तत्कार्यमाकाशोऽपि सर्वस्येति ।

९४ यदुक्तम् ।

'नागृहीतैस्तु गन्धाद्यैर्जातुचिज्जायते मतिः ।
धरिञ्या हि जलादीनामग्रहेऽपि प्रजायते ।
गन्धादिभ्यस्ततो नान्या जलादिभ्यः पृथक् च भूः ॥'

इति ।

ऊर्ध्वोर्ध्वगुणं व्यापकं, निकृष्टगुणं तु व्याप्यं । स एव गुणस्य उत्कर्षो – यत् तेन विना गुणान्तरं न उपपद्यते, तेन पृथिवीतत्त्वं[९५] शिवतत्त्वात् प्रभृति जलतत्त्वेन व्याप्तम्, एवं जलं तेजसा इत्यादि यावच्छक्तितत्त्वम् ॥

भूतानि तन्मात्रगणेन्द्रियाणि
　मूलं पुमान्कञ्चुकयुक्सुशुद्धम् ।
विद्यादिशक्त्यन्तमियान्स्वसंवित्-
　सिन्धोस्तरङ्गप्रसरप्रकारः ॥

सअलतत्तपरिउण्णउ
　सअलतत्तउत्तिण्णउ ।
परिआणहअत्ताण्णउ
　परमसिवेण समाणउ ॥

इति श्रीमदभिनवगुप्ताचार्यविरचिते तन्त्रसारे तत्त्वस्वरूपप्रकाशनं नामाष्टममाह्निकम् ॥ ८ ॥

---

९५ यथोक्तं श्रीतन्त्रालोके ।
'अतः शिवत्वात्प्रभृति प्रकाशता-
　स्वरूपमादाय निजात्मनि ध्रुवम् ।
समस्ततत्त्वावलिधर्मसंचयै-
　र्विभाति भूर्व्याप्तृतया स्थितैरलम् ॥
एवं जलादेरपि शक्तितत्त्व-
　पर्यन्तधाम्नो वपुरस्ति तादृक् ।
किं तूत्तरं शक्तितयैव तत्त्वं
　पूर्वं तु तद्धर्मतयेति भेदः ॥'
इति, एतच्च परात्रिंशिकाविवरणे सम्यङ्निर्णीतम् ।

अथ नवममाह्निकम् ।

अथ तत्त्वानां भेदो निरूप्यते ।

स च सप्तधा षडर्धशास्त्र एव परं [1]परमेशेन उक्तः । तत्र शिवाः मन्त्रमहेशाः मन्त्रेशाः मन्त्राः विज्ञानाकलाः प्रलयाकलाः सकला इति सर्वे[2] शक्तिमन्तः । एषां सप्तैव शक्तयः[3], तद्भेदात् पृथिव्यादिप्रधानतत्त्वान्तं चतुर्दशभिर्भेदैः प्रत्येकं स्वं रूपं पञ्चदशं । तत्र स्वं रूपं

---

१ ननु त्रिकमते नरशक्तिशिवात्मकं विश्वमुक्तं तत् कथं सिद्धान्तदर्शोचितः प्रमातृभेद उक्त इत्याशङ्क्याह परमेशेनेत्यादि । यदुक्तम्

'शक्तिमच्छक्तिभेदेन धराद्यं मूलपश्चिमम् ।
भिद्यते पञ्चदशधा स्वरूपेण सहानरात् ॥
कलान्तं भेदयुग्घीनं रुद्रवत्प्रलयाकलः ।
तद्वन्मायापि नवधा ज्ञकला सप्तधा पुनः ॥
मन्त्रास्तदीशाः पञ्चान्ये मन्त्रेशपतयस्त्रिधा ।
शिवो न भिद्यते स्वैकप्रकाशघनचिन्मयः ॥'

इति ।

२ अयं भावः परमार्थतो हि परपरापरापरात्मकशिवशक्तिनरात्मकमेव विश्वं । यत्पुनः शक्तिमतां शक्तीनां च सप्तविधत्वमुक्तं तदवान्तरप्रकारप्रायमिति ।

३ शक्तयः-इच्छाद्या इत्यर्थः, तद्भेदात्-शक्तिशक्तिमद्भेदादित्यर्थः ।

प्रमेयतायोग्यं[४] स्वात्मनिष्ठम् — अपराभट्टारिकानुग्रहात्, प्रमातृषु उद्रिक्तशक्तिषु यत् विश्रान्तिभाजनं तत् तस्यैव शाक्तं रूपं श्रीमत्परापरानुग्रहात्। तच्च सप्तविधं शक्तीनां तावत्त्वात्। शक्तिमद्रूपप्रधाने तु प्रमातृवर्गे यत् विश्रान्तं तच्छक्तिमच्छिवरूपं श्रीमत्पराभट्टारिकानुग्रहात्, तदपि सप्तविधं — प्रमातॄणां शिवात्प्रभृति सकलान्तानां तावताम् उक्तत्वात्। तत्र शक्तिभेदादेव प्रमातॄणां भेदः, स च स्फुटीकरणार्थं सकलादिक्रमेण भण्यते, तत्र सकलस्य विद्याकले[५] शक्तिः तद्विशेषरूपत्वात् बुद्धिकर्माक्षशक्तीनां, प्रलयाकलस्य तु ते एव निर्विषयत्वात् अस्फुटे[६]। विज्ञानाकलस्य ते एव

---

४ प्रमेयतायोग्यं—जडात्मकमित्यर्थः, स्वात्मनिष्ठं—शक्तिशक्तिमद्भिरसंस्पृष्टं, तदुपरक्तत्वे हि तद्रूपत्वमेव गण्यते इत्यर्थः। तथा च

'परांशो मातृरूपोऽत्र प्रमाणांशः परापरः।
मेयोऽपरः शक्तिमांश्च शक्तिः स्वं रूपमित्यदः॥'

इत्याद्यन्यत्रोक्तम्।

५ तत्तद्व्यापारभेदात् हि विचित्राः शक्तयः स्युरिति सामान्यतो विद्याकल एव शक्तित्वेन गणिते इति।

६ प्रसुप्तभुजगाकारत्वादिति भावः। न चैतन्मन्तव्यं यदि प्रलयाकलस्य ते अपि न स्फुटे ततः सकलोर्ध्ववर्तित्वं कथमिति यत एते मलाधिक्याविर्भावकारणत्वादधःपतनकारण एवेति सकल एव सर्वाधः।

विगलत्कल्पे तत्संस्कारसचिवा प्रबुद्ध्यमाना शुद्धविद्या मन्त्रस्य । तत्संस्कारहीना सैव प्रबुद्धा मन्त्रेशस्य । सैव इच्छाशक्तिरूपतां स्वातन्त्र्यस्वभावां जिघृक्षन्ती मन्त्रमहेश्वरस्य । इच्छात्मिका स्फुटस्वातन्त्र्यात्मिका शिवस्य इति शक्तिभेदाः सप्त मुख्याः । तदुपरागकृतश्च शक्तिमत्सु प्रमातृषु भेदः – करणभेदस्य कर्तृभेदपर्यवसानात्, शक्तेरेव च अव्यतिरिक्तायाः करणीकर्तुं शक्यत्वात् न अन्यस्य – अनवस्थाद्यापत्तेः । वस्तुतः पुनरेक एव चित्स्वातन्त्र्यानन्दविश्रान्तः प्रमाता, तत्र पृथिवी स्वरूपमात्रविश्रान्ता यदा वेद्यते तदा स्वरूपम् अस्याः

---

७ ज्ञानकर्मेन्द्रियावान्तरभेदात्मना शक्तीनां संभवः, वस्तुतस्तु एक एवासौ धर्मः समवायाख्यः । यदुक्तम्

'एक एवास्य धर्मोऽसौ सर्वाक्षेपेण वर्तते ।
तेन स्वातन्त्र्यशक्त्यैव युक्तं तत्राश्रसो विधिः ॥'

इति ।

८ यदुक्तम् ।

'तस्मात् स्वातन्त्र्ययोगेन कर्ता स्वं भेदयन् वपुः ।
कर्मांशस्पर्शिनं स्वांशं करणीकुरुते स्वयम् ॥'

इति । कर्तुर्विभिन्नं चेत् करणमिष्यते तत् करणमेव कुतो भवेत् अपि तु प्रेरणक्रियाविषयत्वात् कर्मैवेत्यर्थः । न च अकरणिका क्रिया भवेदिति करणान्तरमन्वेष्यं, तच्च भिन्नत्वात्प्रेर्यमेवेति तत्रान्यत्करणमित्यनवस्था ।

केवलं भाति चैत्रचक्षुर्दृष्टं[९] चैत्रविदितं जानामीति, तत्र सकलशक्तिकृतं सकलशक्तिमद्रूपकृतं स्वरूपान्तरं भात्येव, एवं शिवान्तमपि वाच्यं, शिवशक्तिनिष्ठं शिवस्वभावविश्रान्तं च विश्वं जानामि इति प्रत्ययस्य विलक्षणस्य भावात् । ननु भावस्य चेत् वेद्यता स्वं वपुः तत्सर्वान्प्रति वेद्यत्वं, वेद्यत्वमपि वेद्यम् इत्यनवस्थां[१०], तया च जगतोऽन्धसुप्तत्वं सुप्रकाशमेव, तया च वेद्यत्वावेद्यत्वे विरुद्धधर्म[११]योग इति

---

९ चैत्रचक्षुर्दृष्टं पश्यामीत्यत्र प्रथायां किं नीलमात्रं प्रथते किमुत चैत्रवेद्यताविशिष्टं नीलमिति । तत्राद्ये 'नीलं वेद्मि' 'चैत्रवेद्यं नीलं वेद्मि' इत्यनयोः प्रतीत्योरविशेषः स्यात् न चैवमनुभवविरोधात्, द्वितीये तु चैत्रवेद्यता नीलस्य किं स्वगता विशेषणम् उत प्रमातृगता । न तावत् प्रमातृगता व्यधिकरणयोर्भिन्नकक्ष्यत्वेन विशेषणविशेष्यभावायोगात् स्वगतत्वे तु सिद्धं वेद्यता भावस्य निजं वपुरिति ।

१० ननु ज्ञानं नाम क्रिया सा च फलानुमेया फलं च प्रकटताख्यं विषयधर्मः सैव च वेद्यतेति कौमारिलमतमाशङ्क्य प्रतिक्षिपति । अयं भावः—भावस्य यथा नीलत्वादयो धर्माः सर्वान्प्रति अविशिष्टाः तथा वेद्यत्वाख्यो धर्मः स्यादित्यत्यन्ताद्यभावः प्रसज्येत्, सर्वे च सर्वज्ञाः स्युरिति । अथ च योऽयं वेद्यत्वधर्म उक्तः स किं वेद्योऽवेद्यो वा, अवेद्यश्चेत् संविदस्पर्शत्वात् नास्ति, वेद्यो यदि भवेत् तदनवस्था स्यात् येन कस्यचिदप्यर्थस्य वेद्यता न घटेतेति मूर्च्छितप्रायं विश्वं पर्यवस्येत् ।

११ ननु भावे ता·त्वौ, भावः सत्ता, सा च द्विधा—स्वरूपसत्ता समवायिनी च, तथा च स्वरूपवेद्यता तथा स्वप्रकाशं च, तस्मात् स्वरूपस्यैव वेद्यत्वं वेदकत्वं च विरुद्धधर्माध्यासः ।

दोषः? अत्र उच्यते—न तत् स्वं वपुः स्वरूपस्य पृथगुक्तत्वात्, किं तर्हि तत् प्रमातृशक्तौ प्रमातरि च यत् विश्रान्तिभाजनं यत् रूपं तत् खलु तत्, तत् स्वप्रकाशमेव[12] तत् प्रकाशते न तु किंचिदपि प्रति इति सर्वज्ञत्वम् अनवस्थाविरुद्धधर्मयोगश्च इति दूरापास्तम्[13] । अनन्तप्रमातृसंवेद्यमपि ऐकमेव[14] तत् तस्य रूपं[15] तावति तेषामेकाभासरूपत्वात् इति न प्रमात्रन्तरसंवेदनानुमानविघ्नः कश्चित्, तच्च तस्य रूपं सत्यम् अर्थक्रियाकारित्वात् तथैव,

---

१२ ननु यदि नाम प्रकाशविश्रान्तिसतत्त्वैव वेद्यता तत्कथमस्या भावधर्मत्वम्? इति चेत्, सत्यं—यथा स्वातन्त्र्यात् शिवेन भेदोऽवभास्यते तथैव वेद्यताधर्म इति । यदुक्तं

'यथा च शिवनाथेन स्वातन्त्र्याद्भास्यते भिदा ।
नीलादिवत्तथैवायं वेद्यताधर्म उच्यते ॥'

इति ।

१३ स्वयं प्रकाशते न तु प्रकाश्यत इति विरुद्धधर्मयोगः, स्वप्रकाशमेव तत् प्रकाशते न तु कंचिदपि प्रतीति अस्मत्पक्षे स्वप्रकाशात्मा शिव एवास्तीति सर्वार्थस्यैवाभावात् अन्यं प्रति चकास्तीति वचनं विरुध्यते इति सर्वज्ञत्वस्यापि निरासः, स्वयमेव प्रकाशते न तु स्वापेक्षया कर्मभावमपि लभते अतो न वेद्यता भिन्ना भवितुमर्हतीति अनवस्थानिरासः ।

१४ न तु भिन्नं भिन्नमिति भावः ।

१५ शक्तिशक्तिमद्रूपकृतमिति ।

परदृश्यमानां कान्तां दृष्ट्वा तस्यै समीर्ष्यति[16], शिवस्वभावं विश्रान्तिकुम्भं पश्यन् समाविशति समस्तानन्तप्रमातृविश्रान्तं वस्तु पश्यन् पूर्णीभवति नर्तकीप्रेक्षणवत्[17], तस्यैव नीलस्य तद्रूपं प्रमातरि यत् विश्रान्तं तथैव स्वप्रकाशस्य विमर्शस्योदयात्—इति पञ्चदशात्मकत्वं पृथिव्याः प्रभृति प्रधानतत्त्वपर्यन्तम्। तावत्युद्रिक्तरागादिकञ्चुकस्य सकलस्य प्रमातृत्वात्[18]; सकलस्यापि[19] एवं पाञ्चदश्यं तस्यापि तावद्वेद्यत्वात्। वितत्य चैतत् निर्णीतं तन्त्रालोके।

१६ अन्यदृश्यत्वं कान्तागतो धर्मश्चेन्न तदा पत्युरीर्ष्या कस्मात् स्यादिति भावः।

१७ मल्लनटप्रेक्षादौ इयदेव पूर्णं रूपं यत् विगलितवेद्यान्तरतया तत्रैवानन्याकाङ्क्षतया विमर्शनम्।

१८ यद्यपि सकले देहाद्यात्मनो वेद्यस्यैव प्राधान्यं तथापि ज्ञानक्रियोत्तेजककलाविद्यादिकञ्चुकोद्रेकादस्त्येव प्रमातृत्वमिति भावः।

१९ ननु वेद्यांशप्राधान्यात् धरादिवत् सकलस्यापि पाञ्चदश्यमेव न्याय्यमिति तत्कथमुक्तं प्रधानतत्त्वान्तमिति, तदाशङ्क्याह सकलस्यापीति। तन्त्रालोके च

'पाञ्चदश्यं धराद्यन्तर्निविष्टे सकलेऽपि च।
सकलान्तरमस्त्येव प्रमेयेऽत्रापि मातृ हि॥'

इति।

पं० १ क० पु० परिदृश्यमानामिति पाठः।

पुंसः प्रभृति[20] कलातत्त्वान्तं त्रयोदशधा—सकलस्य तत्र प्रमातृतायोगेन तच्छक्तिशक्तिमदात्मनो भेदद्वयस्य प्रत्यस्तमयात्, तथा च सकलस्य स्वरूपत्वमेव केवलं, प्रलयाकलस्य स्वरूपत्वे पञ्चानां प्रमातृत्वे एकादश भेदाः। विज्ञानाकलस्य स्वरूपत्वे चतुर्णां प्रमातृत्वे नव भेदाः। मन्त्रस्य स्वरूपत्वे त्रयाणां प्रमातृत्वे सप्त। मन्त्रेशस्य स्वरूपत्वे द्वयोः प्रमातृत्वे पञ्च। मन्त्रमहेशस्य स्वरूपत्वे भगवत एकस्यैव प्रमातृत्वे शक्तिशक्तिमद्भेदात् त्रयः। शिवस्य तु प्रकाशैकचित्स्वातन्त्र्यनिर्भरस्य न कोऽपि भेदः परिपूर्णत्वात्। एवम् अयं तत्त्वभेद एव परमेश्वरानुत्तरनयैकाख्ये निरूपितः भुवनभेदवै-[21]

---

२० तदुक्तं श्रीतन्त्रालोके

'यदा तु मेयता पुंसः कलान्तस्य प्रकल्प्यते।
तदुद्भूतः कञ्चुकांशो मेयो नास्य प्रमातृता।
अतः सकलसंज्ञस्य प्रमातृत्वं न विद्यते॥'

इति।

२१ तदुक्तम्

'तत एव विचित्रोऽयं भुवनादिविधिः स्मृतः।'

इति। तथा

'एवं भुवनमालापि भिन्ना भेदैरिमैः स्फुटम्।'

इति।

चित्र्यं करोति, नरकस्वर्गरुद्रभुवनानां पार्थिवत्वे[२२] समानेऽपि दूरतरस्य स्वभावभेदस्य उक्तत्वात् । अत्र च परस्परं भेदकलनया अवान्तरभेदज्ञा-[२३]नकुतूहली तन्त्रालोकमेव अवधारयेत् । एवम् एकैकघटाद्यनुसारेणापि पृथिव्यादीनां तत्त्वानां

---

२२ यथोक्तम्

'पार्थिवत्वेऽपि नो साम्यं रुद्रवैष्णवलोकयोः ।
का कथान्यत्र तु भवेद्भोगे वापि स्वरूपके ॥'

इति, अन्यत्रेति पार्थिवाद्यात्मनि भुवनादावित्यर्थः ।

२३ यथा हि अवान्तरभेदज्ञानं सर्वस्य सर्वात्मकत्वात् सकलेऽपि तत्त्वतो लयाकलादिशक्तिसंभवोऽस्त्येव तस्मात् सप्तानामेव सकलादिप्रमातृशक्तीनां सप्तभिरेव गुणने एकोनपञ्चाशद्रूपसंभवः, संभव एवात्र प्रमाणं तेन तथालक्षणेऽपि न दोष इति मन्तव्यम् । यथोक्तं तन्त्रालोके

'स त्वस्फुटोऽस्तु भेदांशं दातुं तावत्प्रभूभवेत् ।'

इति । एवं शक्तिमद्भेदोऽपि अङ्गीकर्तव्यः, एषामप्यन्योन्यं भेदने एकोत्तरचतुर्विंशतिशतप्रकारा भवन्ति, तथान्यथापि वैचित्र्यं सामान्यस्य विशेषान्यथाभावित्वात्, चक्षुरादिशक्तीनामग्रोद्भवतिरोभावाभ्यां भेदानन्त्यं स्फुटमेव, न चैतन्मन्तव्यम् अलमत्र वेद्यभेदेन यतश्चक्षुरादिशक्तीनामेवाविर्भावतिरोभावाविति ? आवेश-निमज्जन-विकास-विघूर्णनात्मा अस्त्येव विशेषः, आवेशस्तन्मयीभावः, निमज्जनमासङ्गात्मा तदन्तःप्रवेशः, विकासस्तदौन्मुख्येन प्रसरणम्, विघूर्णनं तदौन्मुख्येनोच्छलनात्मकं स्पन्दनम्, अनुद्भूतशक्तिकस्य हि दृष्टमप्यदृष्टमिव, उद्रिक्तशक्तेः पुनरासज्य विषयं पश्यतः परश्चमत्कारातिशयो भवेदिति चार्थक्रियाकृत एव भेद इत्यर्थः ।

भेदो निरूपितः[२४] । अधुना समस्तं पृथिवीतत्त्वं प्रमातृप्रमेयरूपम् उद्दिश्य निरूप्यते — यो[२५] धरातत्त्वाभेदेन प्रकाशः स शिवः । यथा श्रुतिः 'पृथिव्येवेदं ब्रह्म' इति । धरातत्त्वसिद्धिप्रदान् प्रेरयति स धरामन्त्रमहेश्वरः, प्रेर्यो धरामन्त्रेशः, तस्यैवाभिमानिकविग्रहतात्मको वाचको मन्त्रः, सांख्यादिपाशवविद्योत्तीर्णशिवविद्याक्रमेण अभ्यस्तपार्थिवयोगोऽप्राप्त[२६]ध्रुवपदः धराविज्ञानाकलः । पाशवविद्याक्रमेण अभ्यस्तपार्थिवयोगः कल्पान्ते मरणे वा धरा-

---

२४ एवमेकघटाख्यदशायाम्, अनेकदशावति तत्त्वे पुनः कियन्तो भेदा इति को नाम वक्तुं शक्नुयादित्याशयः । उक्तं चान्यत्र

'एवमेतद्धरादीनां तत्त्वानां यावती दशा ।
काचिदस्ति घटाख्यापि तत्र संदर्शिता भिदा ॥
अत्रापि वेद्यता नाम तादात्म्यं वेदकैः सह ।
ततः सकलवेद्योऽसौ घटः सकल एव हि ॥
यावच्छिवैकवेद्योऽसौ शिव एवावभासते ।
तावदेकशरीरोऽसौ बोधो भात्येव यावता ॥'

इति । तथैव

'यावन्न वेदका एते तावद्वेद्याः कथं प्रिये ।'

इत्युक्तनीत्या एतद्बोध्यम् । किञ्चिद्भेदसहिष्णुरभेदस्तादात्म्यम् ।

२५ तत्र प्रमातृसप्तकं तावद्दर्शयति 'यो धरातत्त्वाभेदेन' इत्यादिना । ननु शिवो नाम निखिलतत्त्वबृंहणात् ब्रह्मेत्युच्यते तत्कथं नैयत्येन व्यवतिष्ठते इत्याशङ्क्याह यथेत्यादि ।

२६ भावनानिष्पत्तिमप्राप्य अन्तरा विलयादप्राप्तध्रुवपद इत्यर्थः ।

[२७]प्रलयकेवलः । सौषुप्ते हि तत्त्वावेशवशादेव चित्रस्य स्वप्नस्य उदयः स्यात् गृहीतधराभिमानस्तु धरासकलः । अत्रापि [२८]शक्त्युद्रेकन्य-

---

२७ धरायाः प्रलयः न तु जलादेः – अधरतत्त्वनाशे हि ऊर्ध्वतत्त्वावेशात् योगिनः, तथा च दृष्टान्तयति 'सौषुप्ते हि' इत्यादिना, जलतत्त्वाविष्टस्य हि स्वप्नसृष्टिर्जलधितरणादिमयी अस्ति । नियतपूर्वभावि सौषुप्तं स्वप्नस्य कारणम् ।

२८ शक्तिसप्तकं च स्तम्भसृष्ट्यादिव्यापारमयं यथान्यत्र

'अस्यैव सप्तकस्य स्वस्वव्यापारप्रकल्पने ।
प्रक्षोभो यस्तदेवोक्तं शक्तीनां सप्तकं स्फुटम् ॥'

इति । अत्र विशेषो यथा

'तत्रैव धरणीनाम्नि भिन्नाभासिनि या पृथक् ।
स्तम्भादिकावलोक्येत शिवशक्तिरसौ भुवि ॥
अत्रैव सृष्टिविलयस्थित्यनुग्रहसंहृतीः ।
सकलादिशिवान्तेयं विधत्ते विविधस्थितिः ॥
सेह मन्त्रमहेशानशक्तिस्तत्त्वाधिकारिणी ।
तत्तत्त्वमन्त्रवृन्देषु हठादेव हि पुद्गलान् ।
या प्रेरयति माहेशी शक्तिः सा बोधभूमिगा ॥
यया बुध्येत भूतत्त्वसद्भावं पीतलादिकम् ।
त्रायते तद्विपक्षाच्च मन्त्रशक्तिरसौ मता ॥
तत्तत्त्वभोगाभोगे या सम्यगौन्मुख्यदायिनी ।
तावन्मात्रमलावस्था शक्तिर्वैज्ञानकेवली ॥
प्रबुद्धस्फारतत्तत्त्वतत्तत्कर्माभिमुख्यतः ।
तद्भोगोन्मुखता शक्तिः प्रलयाकलगामिनी ॥
मायाकर्ममलव्यक्तिसमावेशे तु या स्थितिः ।
बाह्यान्तरेन्द्रियकृता नानावस्थानुयायिनी ।
भोगसाधनशक्तिः सा सकलाणुसमाश्रया ॥'

इति ।

ग्भावाभ्यां चतुर्दशत्वम् इति प्रमातृतापन्नस्य धरातत्त्वस्य भेदाः, स्वरूपं तु शुद्धं प्रमेयम्[२९] इति, एवम् अपरत्रापि[३०]। अथ एकस्मिन् प्रमातरि प्राणप्रतिष्ठिततया[३१] भेदनिरूपणम्[३२]—इह नीलं गृह्णतः प्राणः तुटिषोडशकात्मा[३३] वेद्यावेशपर्यन्तम् उदेति, तत्र आद्या तुटिरविभागैकरूपा, द्वितीया ग्राहकोल्लासरूपा, अन्त्या तु ग्राह्याभिन्ना तन्मयी[३४], उपान्त्या तु स्फुटीभूतग्राहकरूपा, मध्ये तु यत् तुटिद्वादशकं तन्मध्यात् आद्यं षट्कं निर्विकल्पस्वभावं विकल्पाच्छादकं, षट्त्वं च अस्य स्वरूपेण एका तुटिः, आच्छादनीये च विकल्पे पञ्चरूपत्वम्, उन्मिमिषा उन्मिषत्ता, सा च इयं स्फुटक्रियारूपत्वात् तुटिद्वयात्मिका—स्पन्दनस्य एकक्षण-

---

२९ वेद्यतायाः प्राधान्यात् नरात्मकमित्यर्थः । यथोक्तम्

'यत्तु ग्रहीतृतारूपसंवित्स्पर्शविवर्जितम् ।
शुद्धं जडं तत्स्वरूपमित्थं विश्वं त्रिकात्मकम् ॥'

इति ।

३० जलादावित्यर्थः ।

३१ 'सर्व एवायमध्वा प्राणस्थ' इत्युक्तयुक्त्या प्रमातुः प्राणे प्रतिष्ठा ।

३२ भेदः—पाञ्चदश्यादिः ।

३३ सपादाङ्गुलद्वयं तुटिः प्राणचारस्य इति बोध्यम् ।

३४ तन्मयी – ग्राह्यमयी ।

रूपत्वाभावात्, उन्मिषितता स्वकार्यकर्तृत्वं च इत्येवमाच्छादनीयविकल्पपाञ्चविध्यात् स्वरूपाच्च षट् क्षणा निर्विकल्पकाः, ततोऽपि निर्विकल्पस्य ध्वंसमानता, ध्वंसो विकल्पस्य, उन्मिमिषा उन्मिषत्ता त्रुटिद्वयात्मिका उन्मिषितता च इति षट् त्रुटयः। स्वकार्यकर्तृता तु ग्राहकरूपता इति उक्तं न सा भूयो गण्यते, [३५]इत्येवं विवेकधना गुरूपदेशानुशीलिनः सर्वत्र[३६] पाञ्चदश्यं प्रविभागेन विविञ्चते। विक[३७]ल्पन्यूनत्वे तु त्रुटिन्यूनता सुखा[३८]दिसंवित्ताविव यावत् अविकल्पतैव । लोकास्तु विकल्पविश्रान्त्या ताम् अहन्तामयीम् अहन्ताच्छादिते-

---

३५ नीलशब्दोपलक्षिता पृथिवी प्राणगा व्याख्यातेति इति शब्दार्थः।

३६ सर्वत्र—प्रधानतत्त्वपर्यन्तमित्यर्थः।

३७ त्रायोदश्यादावित्यर्थः। विकल्पस्य स्वरूपन्यूनतापक्षे निक्षेपात् त्रुटेर्न्यूनता प्रमातृत्वेनास्थाशैथिल्यं, न तु स्वरूपविप्रलोप एव षट्त्रिंशदङ्गुलात्मनि प्राणचारे तावत्त्रुटिसंख्याकत्वस्यानपहानेः।

३८ न्यूनतायां फलं किमित्याह सुखेत्यादि, यथोक्तम्

> 'यथा हि चिरदुःखार्तः पश्चादात्तसुखस्थितिः।
> विस्मरत्येव तद्दुःखं सुखविश्रान्तिवर्त्मना॥
> तथा गतविकल्पेऽपि रूढाः संवेदने जनाः।
> विकल्पविश्रान्तिबलात्तां सत्तां नाभिमन्वते॥'

इति।

दंभावविकल्पप्रसरां निर्विकल्पां विमर्शभुवम् अप्रकाशितामिव मन्यन्ते—दुःखावस्थां सुखविश्रान्ता इव, विकल्पनिर्ह्रासेन तु सा प्रकाशत एव इति इयम् असौ संबन्धे ग्राह्यग्राहकयोः सावधानता[३९] इति अभिनवगुप्तगुरवः । एवं च पाश्वदश्ये स्थिते यावत् स्फुटेदन्तात्मनो भेदस्य न्यूनता तावत् द्वयं द्वयं ह्रसति यावत् द्वितुटिकः शिवावेशः[४०], तत्र आद्या तुटिः सर्वतः पूर्णा, द्वितीया सर्वज्ञानकरणाविष्टाभ्यस्यमाना सर्वज्ञत्वसर्वकर्तृत्वाय कल्पते न तु आद्या[४१] । यदाह श्रीकल्लटः 'तुटिपात[४२] इति' अत्र पातशब्दं सैव भगवती श्रीमत्काली मातृसद्भावो भैरवः

---

३९ ग्राह्यग्राहकयोर्यत उदयो यत्र वा विश्रान्तिस्तत्रावहितत्वं, येन सर्वेप्सितफलसंपत्तिः । यथोक्तम्

'ग्राह्यग्राहकसंवित्तिः सामान्या सर्वदेहिनाम् ।
योगिनां तु विशेषोऽयं संबन्धे सावधानता ॥'

इति ।

४० अन्त्योपान्त्यात्मतुटिद्वयस्य स्वरूपपक्षे निक्षेपात् ।

४१ सर्वसाम्यादिति भावः ।

४२ 'तुटिपाते सर्वज्ञत्वसर्वकर्तृत्वलाभ' इति हि सूत्रम् आद्यायास्तुटेः पातोऽपचयो ह्रासो द्वितीया तुटिरिति यावत् ।

प्रतिभा इत्यलं रहस्या[43]रहस्यनेन । एवं [44]मन्त्रम-
हेशतुटेः प्रभृति तत्तदभ्यासात् तत्त[45]त्सिद्धिः ।
[46]अथात्रैव जाग्रदाद्यवस्था निरूप्यन्ते,– तत्र
वेद्य[47]स्य तद्विषयायाश्च सं[48]विदो यत् वैचित्र्यम्
अन्योन्यापेक्षं सत् सा अवस्था, न वेद्यस्य
केवलस्य न चापि केवलायाः संविदो न चापि
पृथक् पृथक् द्वे । तत्र यदाधिष्ठेयतया बही-
रूपतया भानं तदा जाग्रदवस्था मेये मातरि
माने च । यदा तु तत्रैव अधि[49]ष्ठानरूपतया
भानं संकल्पः तदा स्वप्नावस्था । यदा तु

---

४३ रहस्यस्य अरहस्यनेन – प्रकटीकरणेनेत्यर्थः ।

४४ एवं द्वितीयस्यां तुटौ सर्वज्ञत्वादिसिद्धिरुक्ता तद्वत्तृतीयादिषु स्यान्न वेत्याशङ्क्याह 'एवं मन्त्रमहेश' इत्यादि, तदुक्तम्

'तासु संदधतश्चित्तमवधानैकलक्षणम् ।
तत्तत्सिद्धिसमावेशः स्वयमेवोपजायते ॥'

इति ।

४५ तास्ताः सिद्धयश्च श्रीपूर्वशास्त्रादौ धारणापटलाद्युक्ता–देहगुरुत्वादयः ।

४६ पाञ्चदश्यादिक्रमात्मतया निर्दिष्टे तत्त्वाद्यध्वनि ।

४७ स्वरूपत्वेन निर्दिष्टस्य ।

४८ तत्तत्प्रमातृत्वेनोक्तायाः ।

४९ प्रमाणात्मतयेत्यर्थः ।

१४

तत्रैव अधिष्ठातृरूपतया[५०] बीजात्मतयैव[५१] भानं तदा सुषुप्तावस्था । इमा[५२] एव तिस्रः प्रमेयप्रमाणप्रमात्रवस्थाः प्रत्येकं जाग्रदादिभेदात् चतुर्विधा उक्ताः । यदा तु तस्मिन्नेव प्रमातृविश्रान्तिगते प्रमातुः पूर्णतोन्मुख्यात् तद्वारेण पूर्णतोन्मुखतया भानं तदा तुर्यावस्था, सा[५३] च रूपं दृशाहमित्येवं-त्रिधम् अंशत्रयम् उत्तीर्य पश्यामीति अनुपायिका[५४] प्रमातृता स्वातन्त्र्यसारा, नैकट्यमध्यत्वदूरत्वैः प्रमातृप्रमाणप्रमेयताभिषेकं ददती तदवस्थात्रयानुग्राहकत्वात् त्रिभेदा। एतदेव अवस्थाचतुष्टयं पिण्डस्थपद-[५५]

---

५० प्रमात्रैकात्म्येनेत्यर्थः ।

५१ संभाव्यमानभाविकार्यसंबन्धात् विश्वस्य बीजं-कारणं, तदात्मतयेत्यर्थः ।

५२ ननु मेयं माता मानमधिष्ठेयमित्युक्तं तत्कथं माता सन् मेयतां गच्छेदित्याह 'इमा एव' इति ।

५३ ननु मेयादित्रयसाध्या प्रमाणफलरूपा मितिः, अतो मेयादयोऽस्या जीवितमिति चेत् नैवमित्याह 'सा च' इत्यादिना ।

५४ अनुपयुज्यमानानुपपद्यमानोपायेत्यर्थः ।

५५ पिण्डे शरीरे तिष्ठतीति पिण्डस्थं, सर्वाध्वनः पदं स्थानं प्राणः, अथ च पद्यते ज्ञायतेऽनेनेति पदम्—संकल्पः, तत्र प्राणसंकल्पयोस्तिष्ठतीति पदस्थम्, रूपयति तत्तदर्थजातं स्वात्मसात्कारेण रूपवत् करोतीति रूपं प्रमाता, तदैकात्म्यं रूपस्थम्, रूपं मितमपि प्रमातारमतिक्रान्तत्वात् रूपातीतमुच्यते ।

स्थरूपस्थरूपातीतशब्दैर्योगिनो व्यवहरन्ति, प्रसंख्यानधनास्तु सर्वतोभद्रं व्याप्तिः महाव्याप्तिः प्रचय[५६] इति शब्दैः । अन्वर्थं चात्र दर्शितं तन्त्रालोके श्लोकवार्तिके च । यच्च सर्वान्तर्भूतं पूर्णरूपं तत् तुर्यातीतं सर्वातीतं महाप्रचयं च निरूपयन्ति । किं च यस्य यद्यदा रूपं स्फुटं स्थिरम् अनुबन्धि तत् जाग्रत्, तस्यैव तद्विपर्ययः स्वप्नः, यः लयाकलस्य भोगः सर्वाविदनं सुषुप्तं, यो विज्ञानाकलस्य भोगः भोग्याभिन्नीकरणं तुर्यं मन्त्रादीनां स भोगः, भावानां शिवाभेदस्तुर्यातीतं सर्वातीतम् । तत्र स्वरूपसकलौ १ प्रलयाकलः २ विज्ञानाकलः ३ मन्त्रतदीशतन्महेशवर्गः ४ शिवः ५ इति पञ्चदशभेदे पञ्च अवस्थाः । स्वरूपं प्रलयाकल इत्यादिक्रमेण त्रयोदशभेदे, स्वरूपं विज्ञानाकलशक्तिः विज्ञानाकल इत्येकादशभेदे, स्वरूपं मन्त्राः तदीशाः महेशाः शिवः इति नवभेदे, स्वरूपं मन्त्रेशाः महेशः शक्तिः शिव इति सप्तभेदे, स्वरूपं महेशशक्तिः महेशः शक्तिः

५६ विश्वस्य करामलकवत् प्रचिततया दर्शनात् प्रचयः ।

शिव इति पञ्चभेदे, स्वरूपं क्रियाशक्तिः ज्ञानशक्तिः इच्छाशक्तिः शिव इति त्रिभेदे, अभिन्नेऽपि शिवतत्त्वे क्रियाज्ञानेच्छानन्दचिद्रूपक्लृप्त्या प्रसंख्यानयोगधनाः पञ्चपदत्वम् आहुः ॥

भूम्यादौ तत्त्वजाले न हि भवति वपुस्तादृशं यत्प्रमातुः
संविद्विश्रान्तिवन्ध्यं स्फुरति स बहुधा मातृभावोऽस्य यस्मात्।
तेनास्मिन्वेद्यजाले क्रमगतकलनां निर्विकल्पामहन्ता-
स्वातन्त्र्यामर्शसारां भुवमधिवसत प्राप्नुत स्वात्मसत्ताम् ॥

पहिण उभाहरभावकलपुणुअब्भन्तरि एह
सच्चिवपसम इपुणुजअल इब्भिहिनिद्दकलेह ।
संवेअण पअरूढ इउभावकलाउसमग्गु
भरिअद्दसुस्सुहुपुणुभरिउ ॥ १ ॥

तुरिआणन्तरलग्गु
घडुबोहिणहंउजोअसिएह ।
वितत्त समत्थफुरणकमेण
कमेणलिहालमिसाणमिपश्चावतु ॥ २ ॥

इति श्रीमदभिनवगुप्ताचार्यविरचिते तन्त्रसारे तत्त्वभेदप्रकाशनं
नाम नवममाह्निकम् ॥ ९ ॥

अथ दशममाह्निकम् ।

उक्तस्तावत् तत्त्वाध्वा। कलाद्यध्वा तु निरूप्यते, तत्र यथा भुवनेषु अनुगामि किंचिद्रूपं तत्त्वम् इत्युक्तम्, तथा तत्त्वेषु वर्गशो यत् अनुगामि रूपं तत् कला[1]—एकरूपकलनासहिष्णुत्वात् । तद्यथा पृथिव्यां निवृत्तिः—निवर्तते यतस्तत्त्वसर्ग इति । जलादिप्रधानान्ते वर्गे प्रतिष्ठा—कारणतयाप्यायनपूरणकारित्वात्। पुमादिमायान्ते विद्या—वेद्यतिरोभावे संविदाधिक्यात्। शुद्धविद्यादिशक्त्यन्ते शान्ता—

१ तथाहि—

> 'केचिदाहुः पुनर्यासौ शक्तिरन्तः सुसूक्ष्मिका ।
> तत्त्वानां सा कलेत्युक्ता धरण्या धारिका यथा ॥
> अत्र पक्षद्वये वस्तु न भिन्नं भासते यतः ।
> अनुगामि न सामान्यमिष्टं नैयायिकादिवत् ॥'

इत्याद्यन्यत्रोक्तम् । धरण्या यथा धारिका शक्तिरनुगतास्ति तथा परां काष्ठां प्राप्तात् बहिर्मुखत्वात् निवर्तकत्वेन कलयित्री निवृत्तिकला, प्रतिष्ठानेन कलयित्री प्रतिष्ठाख्या शक्तिः, एवमन्यासामपि कलना । तथा चोक्तम्

> 'निवृत्तिः पृथिवीतत्त्वे प्रतिष्ठाव्यक्तगोचरे ।
> विद्या निशान्ते शान्ता च शक्त्यन्तेऽण्डमिदं चतुः ।
> शान्तातीता परे तत्त्वे कलातीतं परं पदम् ॥'

इति ।

कञ्चुकतरङ्गोपशमात् । एतदेव अण्डचतुष्टयं–पार्थिव-प्राकृत-मायीय-शाक्ताभिधम् । पृथिव्यादिशक्तीनाम् अत्र अवस्थानेन शक्तितत्त्वे यावत् परस्पर्शो विद्यते स्पर्शस्य च सप्रतिघत्वमिति तावति युक्तम् अण्डत्वम्[२] । शिवतत्त्वे शान्तातीता – तस्योपदेशभावनार्चादौ कल्यमानत्वात् । स्वतन्त्रं तु परं तत्त्वं, तत्रापि यत् अप्रमेयं तत्कलातीतम्[३] । एवं पञ्चैव कलाः षट्त्रिंशत्तत्त्वानि । तथाहि–प्रमेयत्वं द्विधा – स्थूलसूक्ष्मत्वेन इति दश । करणत्वं द्विधा–शुद्धं कर्तृतास्पर्शि च इति दश । करणतोपसर्जनकर्तृभावस्फुटत्वात् पञ्च, शुद्धकर्तृभावात् पञ्च, विगलितविभागतया विकासोन्मुखत्वे पञ्च, सर्वावच्छेदशून्यं शिवतत्त्वं षट्त्रिंशम्[४] । तद्यदा उपदिश्यते

---

२ तदुक्तम्

'अण्डं च नाम भुवनविभागस्थितिकारणम् ।
प्राहुरावरणं तच्च शक्त्यन्तं यावदस्ति हि ॥'

इति

३ समग्रकलनोज्झितत्वादिति भावः ।

४ तदुक्तमन्यत्र ।

'यद्वेद्यं किंचिदाभाति तत्क्षये यत्प्रकाशते ।
तत्तत्त्वमिति निर्णीतं षट्त्रिंशं हृदि भासते ॥

भाव्यते वा यत् तत्प्रतिष्ठापदम्, तत् सप्तत्रिंशम्, तस्मिन्नपि भाव्यमाने अष्टात्रिंशम्, न च अनवस्था – तस्य भाव्यमानस्य अनवच्छिन्नस्वातन्त्र्ययोगिनो वेद्यीकरणे सप्तत्रिंश एव पर्यवसानात्, षट्त्रिंशं तु सर्वतत्त्वोत्तीर्णतया संभाव्यावच्छेदम् इति पञ्चकलाविधिः । विज्ञानाकलपर्यन्तम् आत्मकला, ईशान्तं विद्याकला, शिष्टं शिवकला इति त्रितत्त्वविधिः । एवं नव-
[5]तत्त्वाद्यपि ऊहयेत् इति । मेयांशगामी स्थूलसूक्ष्मपररूपत्वात् त्रिविधो भुवनतत्त्वकलात्माध्वभेदः, मातृविश्रान्त्या तथैव त्रिविधः,

चिदानन्दस्वतन्त्रैकरूपं तदितिदेशने ।
सप्तत्रिंशं समाभाति तत्राकाङ्क्षा च नापरा ॥
तच्चापि क्लृप्तवेद्यत्वं यत्र भाति स चिन्मयः ।
अष्टात्रिंशत्तमः सोऽपि भावनायोपदिश्यते ।
यदि नाम ततः सप्तत्रिंश एव पुनर्भवेत् ॥'

इति ।

५ तथा च नव तत्त्वानि अन्यत्र कथितानि यथा

'प्रकृतिः पुरुषश्चैव नियतिः काल एव च ।
माया विद्या तथेशश्च सदाशिवशिवौ तथा ॥'

इति । आदिशब्दादष्टादशत्वम् ।

पं० ३ क० पु० अनवच्छिन्नं स्वातन्त्र्यं योगिन इति पाठः ।

तत्र प्रमाणतायां[६] पदाध्वा, प्रमाणस्यैव क्षोभतरङ्गशाम्यत्तायां मन्त्राध्वा, तत्प्रशमे पूर्णप्रमातृतायां वर्णाध्वा, स एव च असौ तावति विश्रान्त्या लब्धस्वरूपो भवति इति एकस्यैव षड्विधत्वं युक्तम् ।

[७]पदमन्त्रवर्णमेकं
पुरषोडशकं धरेति च निवृत्तिः ।
[८]तत्त्वार्णमग्निनयनं
रसशरपुरमस्त्रमन्त्रपदमन्या ॥ १ ॥

[९]मुनितत्त्वार्णं द्विकपद-
मन्त्रं वस्वक्षिभुवनमपरकला ।

६ उक्तं चान्यत्रापि

'यत्प्रमाणात्मकं रूपमध्वनो मातृभागगम् ।
पदं ह्यवगमात्मत्वसमावेशात्तदुच्यते ॥
तदेव च पदं मन्त्रः प्रक्षोभात्प्रच्युतं यदा ।
गुप्तभाषी यतो माता तूष्णींभूतो व्यवस्थितः ॥'

इति ।

७ पदमन्त्रवर्णमिति समाहारः, एकमिति क्षकाररूपम्, पुरषोडशकमिति कालाग्न्यादिवीरभद्रान्तम् ।

८ अग्नयस्त्रयः, नयने द्वे, तेन अबादीनि अव्यक्तान्तानि तत्त्वानि, हादिङान्ता वर्णाश्च त्रयोविंशतिः, रसाः षट्, शराः पञ्च, एवं षट्पञ्चाशत्पुराणि, अस्त्राणि शराः पञ्च तेन द्वे चतुरक्षरे त्रीणि पञ्चाक्षराणि इति पञ्च पदानि मन्त्राश्च, अन्येति आप्यायिन्यपरपर्याया प्रतिष्ठा ।

९ मुनयः सप्त तेन पुमादिमायान्तानि तत्त्वानि ङादिघान्ताश्च वर्णाः,

पं० ३ क० पु० तावति लब्धेति पाठः ।

[10]अम्यर्णतत्त्वमेकक-
पदमन्त्रं सैन्यभुवनमिति तुर्या ॥ २ ॥

[11]षोडश वर्णाः पदमन्त्र-
तत्त्वमेकं च शान्त्यतीतेयम् ।
अभिनवगुप्तेनार्या-
त्रयमुक्तं संग्रहाय शिष्येभ्यः ॥ ३ ॥

भुवनजालसअलउ
परिसरसहअवसीसइतत्ताहंसकूउ ।
तत्तब्भाउकलणा
इविमरिसहसीसइपञ्चकलाहंसरूउ ॥
पञ्चकलामउएहु
महेसरुकुणइविउज्झइ ।
इच्छइसुहमउ
भरिहबिबोधतरङ्गमहासरु ॥

द्विकेति तेन पञ्चाक्षरमेकं त्र्यक्षरं द्वितीयं चेति पदमन्त्रौ च, वसवोऽष्टौ अक्षिणी द्वे तेनाष्टाविंशतिभुवनानि, अपरकलेति बोधिन्यपरपर्याया विद्या ।

१० अम्नयस्त्रयः तेन गखका वर्णाः शुद्धविद्येश्वरसदाशिवाश्च तत्त्वानि, एककेति तेन त्र्यक्षरं पदं मन्त्रश्च, सैन्यभुवनानि अक्षौहिण्योऽष्टादश, तुर्येति उत्पूयिन्यपरपर्याया शान्ता । षोडशेति विसर्गाद्यकारान्ताः स्वरषोडशकात्मकमेव एकं पदं मन्त्रश्च, तत्त्वमिति शिवाख्यं षट्त्रिंशं, तच्च सशक्तित्वेऽपि प्राधान्यादेकं, शक्तिर्हि न शक्तिमतो भिन्ना भवितुमर्हति इति भावः । शान्त्यतीतायां तु भुवनानि न संभवन्तीति नात्र तन्निर्देशः । एवमष्टादशोत्तरं शतं भुवनानि, षट्त्रिंशत्तत्त्वानि, पञ्च कलाः, दश पदानि, तावन्त एव मन्त्राः पञ्चाशद्वर्णाश्च इति षोढाध्वा इति पिण्डार्थः ।

१५

सोच्चिअभासइ
  भवतरुविसरउ ।
सअलउअद्धजालु
  निअधअणिपरिमरिमेहहरो ॥
चेअणुभरिअभरिउ
  अप्पहमणिसच्चिअपाणिमणु ।
माणसपाणपवण
  धीसामसुपूरितजजिखणु ॥
तंजिघडाइ निहलु
  परभइरवणाहहुहोइतणु ।
मत्तिदाणुआवाहणु
  प्रअणुसण्णिहाणुइउ अहिणअउड्ड ॥
सव्विहअद्धकलण
  निव्वाहाराएतिलडेच्चिअएहइतच्च ॥

इति श्रीमदभिनवगुप्ताचार्यविरचिते तन्त्रसारे कलाद्यध्वप्रकाशनं नाम दशममाह्निकम् ॥ १० ॥

अथ एकादशमाह्निकम् ।

तत्र यावत्[1] इदम् उक्तम् तत् साक्षात् कस्यचित् अपवर्गाप्तये[2] यथोक्तसंग्रहनीत्या भवति, कस्यचित् वक्ष्यमाणदीक्षायाम् उपयोगगमनात् इति दीक्षादिकं वक्तव्यम्। तत्र कः अधिकारी इति निरूपणार्थं शक्तिपातो विचार्यते । तत्र केचित् आहुः ज्ञानाभावात् अज्ञानमूलः संसारः तदपगमे ज्ञानोदयात्[3] शक्तिपात इति तेषां सम्यक् ज्ञानोदय एव

१ 'यावत् इदम्' इतिकथनस्यायमभिप्रायः – शक्तिपातवैचित्र्यात् कारणभेद एव न कार्यभेदः । यथोक्तम्

'संविदि फलभेदोऽत्र न प्रकल्प्यो मनीषिभिः ।'

इति, सर्वेषामाणवादीनामनुत्तरपदावाप्तिरेव फलमित्यभिप्रायः ।

२ स्वप्रकाशस्वरूपानुशीलनहेतोः ।

३ यथोक्तं गीतासु

'ज्ञानाग्निः सर्वकर्माणि भस्मसात्कुरुतेऽर्जुन ।'

इति । तत्र कर्मभोगोऽपि द्विधा—क्रमेणाक्रमेण चेति, तत्र क्रमेण भोगे कर्मान्तरप्रसङ्गो दुर्निवार इति कदाचिदपि नास्य क्षयः स्यात्, अक्रमेण पुनरेषां भोग एव न स्यात् । एवं हि कर्मणां क्रमफलदानात्मा स्वभाव एव त्यक्तो भवेत्, न चैतत् इत्युभयथापि नातः क्षयः कर्मणां सिद्ध्येत् अतश्च 'ज्ञानोदयात्' इत्युक्तम् ।

पं० ७ क० ख० पु० तदपगमज्ञानोदयादिति पाठः ।

किं[४]कृत इति वाच्यम्, कर्मजन्यत्वे कर्मफलवत् भोग[५]त्वप्रसङ्गे भोगिनि च शक्तिपाताभ्युपगतौ अतिप्रसङ्गः, ई[६]श्वरेच्छानिमित्तत्वे तु ज्ञानोदयस्य अन्यो[७]न्याश्रयता वैयर्थ्यं च, ईश्वरे रागादिप्रसङ्गः, विरुद्धयोः कर्मणोः समबलयोः अन्योन्यप्रतिबन्धे कर्म[८]साम्यं, ततः शक्तिपात इति चेत्, न—क्रमिकत्वे विरो[९]धायोगात्, विरोधेऽपि अन्यस्य अविरुद्धस्य

४ षट्त्रिंशषोडशपदार्थपरिशीलनाद्यं हि तन्निमित्तमुक्तं, तत्र कतरत्तदेकनिमित्तमिति ।

५ को नामानयोर्विशेष इति भावः ।

६ ननु कर्मफलत्वाविशेषेऽपि तथेश्वरेच्छावशात् ज्ञानमेव कर्मान्तरदाहकं न स्वर्गपश्वादिकर्म इत्याशङ्क्याह 'ईश्वरेच्छा' इत्यादि ।

७ ज्ञानोदये सति ईश्वरेच्छानिमित्तत्वमनुमीयते ईश्वरेच्छानुमाने च ज्ञानोदय इति अन्योन्याश्रयणात् द्वयोरेवासिद्धता भवेदित्यर्थः ।

८ इह हि भोगक्रममहिम्ना बहुषु कर्मसु क्षीणेषु कुत्रचित् अनियते काले यत्परिपक्केऽपि समानसामर्थ्यविरोधत्वाद्विरुद्धे कर्मणी फलं प्रति रुद्धे तिष्ठतः, स्वकीयं स्वकीयं नियतं भोगं विधातुमुदासाते, तदनन्तरभावीनि च कर्माणि अपरिपक्कत्वात् भोगाय नोन्मुखीभवन्ति, तदीदृशं विरुद्धकर्मद्वयविरोधलक्षणं कर्मणां साम्यमुच्यते इति ।

९ कर्मणां च क्रमिकत्वमेव न्याय्यं परस्परपरिहृतस्वरूपतया युगपदवस्थानायोगात्, अतश्च क्रमेणैव स्वमपि फलं ददातीति चैषां का नाम फलं प्रति अन्योन्यस्य रोद्धृता—कस्मिंश्चिदपि कालक्षणे युगपत्प्रवृत्त्ययोगात् ।

पं० १ ख० पु० कर्मजत्वेन्यकर्मफलेति पाठः ।

कर्मणो भोगदानप्रसङ्गात्, अविरुद्धकर्माप्रवृत्तौ तदैव देहपातप्रसङ्गात्, जात्यायुष्प्रदं कर्म न प्रतिबध्यते भोगप्रदमेव तु प्रतिबध्यते इति चेत्, कुतः—तत्कर्मसद्भावे यदि शक्तिः पतेत् तर्हि सा भोगप्रदात् किं बिभियात् । अथ मलपरिपाके[10] शक्तिपातः सोऽपि किंस्वरूपः[11]? किं च तस्य निमित्तम्? इति, एतेन वैराग्यं धर्मविशेषो विवेकः सत्सेवा सत्प्राप्तिः देवपूजा

---

१० स्वप्रकाशस्वरूपे नित्ये वस्तुनि यदज्ञानं तदेव मलं संसाराङ्कुरकारणमित्यत्राविवादः । तत्र खेटपालगुरुरित्थं तस्य परिपाकमाह—'मलनिरोधात् शक्तिपातः रौद्री शक्तिर्हि निरोधिका यदा निरोधकाख्यात् स्वव्यापारात् निवर्तते तदायं स्फुटज्ञानक्रियासमावेशात् शिवशक्तिपातभाग्भवेदिति ।'

११ अत्राक्षेपं करोति किंस्वरूप इत्यादिना, मलस्य नाशस्तावत् न संभवति, मलो हि एक इतीतरात्मनामपि नश्येदिति सर्वमुक्तिप्रसङ्गः, अथ न नाशः अपि तु पाकः स्वशक्तिप्रतिबद्धता, सापि विपाग्निवत् सर्वान् प्रति अविशिष्टा इति स एव प्रसङ्गः, अथ चेदुच्यते सहेतुकेति तत्र वक्तव्यं कर्म वा हेतुरीश्वरेच्छा वा, तत्र कर्म न तादृशं तस्य भोगैकहेतुत्वात्, नापीश्वरेच्छा सा हि किं स्वतन्त्रा उत परतन्त्रा, परतन्त्रा तावत् कस्य परतन्त्रा इति, स्वतन्त्रा चेत् तस्य वीतरागद्वेषत्वात् सर्वान् प्रति अविशेषापत्तेः, अहेतुका इति चेत् प्रागेव नाशः स्यादिति स्थितिरेवास्य न स्यात् इति ।

पं० १ क० पु० कर्माप्रवृत्ति इति पाठः ।

पं० ८ ग० पु० धर्मविवेश इति, सत्सेवा आपत्प्राप्तिरिति च पाठः ।

इत्यादिहेतुः प्रत्युक्त इति भेदवादिनां सर्वम् असमञ्जसम् । स्वतन्त्रपरमेशाद्वयवादे तु उपपद्यते एतत्, यथाहि – परमेश्वरः[12] स्वरूपाच्छादनक्रीडया पशुः पुद्गलोऽणुः संपन्नः, न च तस्य देशकालस्वरूपभेदविरोधः तद्वत् स्वरूपस्थगनविनिवृत्त्या स्वरूपप्रत्यापत्तिं झटिति[13] वा क्रमेण[14] वा समाश्रयन् शक्तिपातपात्रम् अणुः उच्यते, स्वातन्त्र्यमात्रसारश्च असौ परमशिवः शक्तेः पातयिता इति निरपेक्ष[15] एव शक्तिपातो यः स्वरूपप्रथाफलः, यस्तु भोगोत्सुकस्य स कर्मापेक्षः, लोकोत्तररूपभोगोत्सुकस्य तु स एव शक्तिपातः परमेश्वरेच्छाप्रेरितमायागर्भाधिकारीयरुद्रविष्णुब्रह्मादिद्वारेण, मन्त्रादिरूप-

१२ यथोक्तमन्यत्र

'यथा हि परमेश्वरो निजरसेन स्वं छादयन्
परद्वयमयं वपुः पशुरितीर्यते लौकिकैः ।
तथैव पुनरप्यसौ विमलचित्स्वरूपं परं
प्रकाशमतिरोदधच्छिव इतीर्यते योगिभिः ॥'

१३ झटिति – अनुपायादिक्रमेण ।

१४ क्रमेण – वक्ष्यमाणदीक्षादिना ।

१५ न तु कर्मयोगाद्यपेक्षक इति भावः ।

पं० ११ क० पु० लोकोत्तररूपोऽनुत्तरभोगेति, ख० पु० लोकोत्तररूपो भोगेति पाठः ।

त्त्वं मायापुंविवेकं पुंस्कलाविवेकं पुंप्रकृतिविवेकं पुंबुद्धिविवेकमन्यच्च फलं प्रस्नुवानः तदधरतत्त्वभोगं प्रतिबध्नाति, भोगमोक्षोभयोत्सुकस्य भोगे कर्मापेक्षो, मोक्षे तु तन्निरपेक्षः इति सापेक्षनिरपेक्षः। न च वाच्यं – कस्मात् कस्मिंश्चिदेव पुंसि शक्तिपात इति, स एव परमेश्वरः तथा भाति इति सतत्त्वे कोऽसौ पुमान् नाम यदुद्देशेन विषयकृता चोदना इयम् । स चायं शक्तिपातो [१६] नवधा,– तीव्र-मध्य-मन्दस्य

१६ अत्र शक्तिपातो नवधा इति यदुक्तं तद्दृढीकरणार्थं मालिनीविजयोक्तं तन्यते

'एवमस्यात्मनः काले कस्मिंश्चिद्योग्यतावशात् ।
शक्तिः संबध्यते शैवी शान्ता मुक्तिफलप्रदा ॥
तत्संबन्धात्ततः कश्चित्तत्क्षणादपवृज्यते ।
अज्ञानेन सहैकत्वं कस्यचिद्विनिवर्तते ॥
रुद्रशक्तिसमाविष्टः स यियासुः शिवेच्छया ।
भुक्तिमुक्तिप्रसिध्यर्थं नीयते सद्गुरुं प्रति ॥
तमाराध्य ततस्तुष्टाद्दीक्षामाराध्य शाङ्करीम् ।
तत्क्षणाद्वोपभोगाद्वा देहपाते शिवं व्रजेत् ॥
योगदीक्षां समासाद्य ज्ञात्वा योगं समभ्यसेत् ।
योगसिद्धिमवाप्नोति तदन्ते शाश्वतं पदम् ॥'

अत्रैवास्य लघुपञ्जिकाकारः कस्यचिच्चापूर्णाख्यातिरूपेणाज्ञानेन सह एकत्वं तन्मयत्वं विनिवर्तते तदपहस्तनेन स्वात्मसाक्षात्कारलक्षणं पूर्ण

पं० ग० पु० तीव्रमध्यमन्दस्योत्कर्षेति पाठः ।

उत्कर्ष-माध्यस्थ्य-निकर्षैः पुनस्त्रैविध्यात्, तत्र उत्कृष्टतीव्रात् तदैव देहपाते परमेशता, मध्य-तीव्रात् शास्त्राचार्यानपेक्षिणः स्वप्रत्ययस्य प्रातिभज्ञानोदयः यदुदये वाह्यसंस्कारं विनैव भोगापवर्गप्रदः प्रातिभो गुरुरित्युच्यते तस्य हि

ज्ञानमुदेति, यतः स मध्यतीव्रया रुद्रशक्त्या समाविष्टः संलक्ष्यते तत्तल्लक्षणोदयात्, तद्वक्ष्यति द्वितीयपटले

'सति तस्मिंश्च चिह्नानि तस्यैतानि विलक्षयेत् ।
तत्रैतत्प्रथमं चिह्नं रुद्रे भक्तिः सुनिश्चला ॥
द्वितीयं मन्त्रसिद्धिः स्यात्सद्यः प्रत्ययकारिका ।
सर्वसत्त्ववशित्वं च तृतीयं तस्य लक्षणम् ॥
प्रारब्धकार्यनिष्पत्तिश्चिह्नमाहुश्चतुर्थकम् ।
कवित्वं पञ्चमं ज्ञेयं सालङ्कारमनोहरम् ॥
सर्वशास्त्रार्थवेत्तृत्वमकस्माच्चास्य जायते ।'

इति । अत एव चात्र गुर्वाद्यनपेक्षणात् अन्यत्र स्वसंवित्तिदेवीभिर्दीक्षितसांसिद्धिक इति उपदिष्टः । एवं चास्य स्वयंप्रवृत्तेरपि अकल्पिते ज्ञाने किमेवमेवैतत् न वा इति संवादमपेक्षमाणस्य यदा गुरुं प्रति यियासा भवति तदा सा पारमेश्वर्या शक्त्या वक्ष्यमाणलक्षणं सद्गुरुं प्रति नीयते, येन तत्प्राप्तिमात्रादेवास्य तथा दार्ढ्योत्पादात् ज्ञानं परं पूर्णतां यायात्, यद्वशात् परेषामनायासमेव ततो भुक्तिमुक्ती स्याताम्, अत एवास्याकल्पितत्वेऽपि श्रीतन्त्रालोके सहभित्तिकत्वमुक्तम्, अन्यथा तु निर्भित्तिकत्वम् अस्यैव पादत्रयस्यावृत्त्या च स कश्चित् मन्दतीव्ररूपया शिवशक्त्या प्रोदितस्वविमर्शो भुक्तिमुक्तिप्रसिद्ध्यर्थं सद्गुरुं प्रति जिगमिषुः सन् गतौ सत्यां तां प्राप्य तेन तेन आराधनप्रकारेण प्रसन्नात् तस्मात् पारमेश्वरं कंचन दीक्षाप्रकारमासाद्य तत्समनन्तरमेव सति देहे शिवं व्रजेत्–पूर्णज्ञानक्रियोत्तेजनेन तदेकरूपस्वात्मसाक्षात्कारमासादयेत् येन पूर्वोक्तसमस्तलक्षणापसौ जीवन्मुक्तः स्यात् । यद्वा भुक्तभोगतया आसन्नमरणस्तत्क्षणादेव च देहपाते शिवं व्रजेत् ।

न समय्यादिकल्पना काचित्, अत्रापि तारतम्यसद्भावः–इच्छावैचित्र्यात् इति, सत्यपि प्रातिभत्वे शास्त्राद्यपेक्षा संवादाय स्यादपि, इति निर्भित्तिसभित्त्यादिबहुभेदत्वम् आचार्यस्य प्रातिभस्यागमेषु उक्तम्, सर्वथा प्रतिभांशो व-

'दृष्ट्वा शिष्यं जराग्रस्तं व्याधिभिः परिपीडितम् ।
उत्क्रमय्य ततस्त्वेनं परे तत्त्वे नियोजयेत् ॥'

इति नीत्या सद्यो निर्वाणदीक्षाद्वारेण परे तत्त्वे योजितः स्यादित्यर्थः । अत एव वाशब्दौ विकल्पद्योतकौ, तीव्रमध्यमया शक्त्या संबद्धस्तु पूर्ववत् दीक्षामासाद्यापि अनात्मरूपे बुद्ध्यादौ आत्माभिमानस्य तादवस्थ्यात् आत्मनि दार्ढ्येन शिवैकरूपतां न वेत्तीति किञ्चित्कालमिदं शरीरारम्भकं कर्मोपभुज्य आहितशेषवृत्तिर्देहपाते शिवं व्रजेत्, तदास्य तदैकात्म्याभिव्यक्तिः स्यादिति स इत्यादेः सकलस्यैव वाक्यस्य तत्क्षणाद्वा इति अपास्य पुनरावृत्त्या अयमर्थः । यथा योगो हि भोगैकसाधनम् इति बुभुक्षूणां तत्प्रधानैव दीक्षा न्याय्या इति उक्तं योगदीक्षामिति, अत एव पूर्वं दीक्षायां ज्ञानस्य प्राधान्यं तद्विमोचकमेव, क्रिया पुनरुभयानुयायिनीति नास्याः पृथगुपादानम्, तेन मध्यमध्यरूपया शक्त्या संबद्धः शिवरूपतालाभौत्सुक्येऽपि बुभुक्षुत्वादेव धिया क्वचन यथाभीष्टे तत्त्वे गुरुणा योजितः तत एव श्रुतचिन्तादिमुखेन योगं ज्ञात्वा तत्तद्धारणादिक्रमेण समभ्यसेत् येन तत्सिद्धिमाहात्म्यात् अनेनैव देहेन तत्र तत्र तत्त्वभोगान् भुक्त्वा तदवसाने शाश्वतं पदमवाप्नोति इत्यनेनैव संबन्धः । मध्यमध्यशक्तिपाते इयान् विशेषो यत् देहान्ते योगसिद्धिमवाप्नोतीति । तदुक्तं श्रीतन्त्रालोके

'मध्यमन्दे शक्तिपाते शिवलाभोत्सुकोऽपि सन् ।
बुभुक्षुर्यत्र युक्तस्तद्भुक्त्वा देहक्षये शिवः ॥

पं० १ ख० पु० तारतम्यस्य सद्भाव इति पाठः ।
पं० ५ ख० पु० प्रातिभांश इति पाठः ।

१६

लीयान्—तत्संनिधौ अन्येषाम् अनधिकारात् । भेददर्शन इव अनादिशिवसंनिधौ मुक्तशिवानां सृष्टिलयादिकृत्येषु मन्दतीव्रात् शक्तिपातात् सद्गुरुविषया यियासा भवति, असद्गुरुविषयायां तु तिरोभाव एव, असद्गुरुतस्तु सद्गुरुगमनं शक्तिपातादेव । सद्गुरुस्तु समस्तैतच्छास्त्रतत्त्वज्ञानपूर्णः साक्षात् भगवद्भैरवभट्टारक एव, योगिनोऽपि स्वभ्यस्तज्ञानतयैव मोचकत्वे तत्र योग्यत्वस्य सौभाग्यलावण्या-

मन्दमध्ये तु तत्रैव तत्त्वेनापि नियोजितः ।
देहान्ते तद्वरं भोगं भुक्त्वा पश्चाच्छिवं व्रजेत् ॥'

इति । एवमिदं भेदद्वयं शिवधर्मिसाधकविषयम् आद्यस्तु पुत्रकविषय इति विभागः । अस्यैव श्लोकस्य द्वितीयपादवर्जमावृत्त्या लोकधर्मिणः साधकस्य देहान्ते तत्र तत्राभीष्टे तत्त्वादौ योगेन योजनया भोगरूपायाः सिद्धेरेव तीव्रमध्यमन्दरूपतया प्राप्तिर्भवतीति शक्तेरपि एवंप्रकारत्वमुक्तं स्यात् । तदुक्तं श्रीतन्त्रालोक एव

'तीव्रमन्दे मध्यमन्दे मन्दमन्दे बुभुक्षुता ।
क्रमान्मुख्यातिमात्रेण विधिनेत्यन्ततः शिवम् ॥'

इति । एतच्च तद्विवेक एवास्माभिः सर्वं विवेचितं, किन्तु इयत् तत्र न्यूनं वर्तते—यदन्त्यस्यास्य श्लोकस्य न पाठ इति स चास्माभिरुपपन्नोऽपि न कल्पितः प्रायः क्वचन पुस्तकान्तरेषु अदृष्टत्वात् दुर्जनप्रायाद्यतनमूर्खजनसंत्रासाच्च, अर्थगत्या तु ग्रन्थकृदुपज्ञतया व्याख्यात एव परमिति अलं बहुना ।

पं०९क० पु० योगित्वस्येति, लावण्यादिसत्त्वसेवानुपयोगीत्यादि च पाठः ।

दिमत्त्वस्यैवानुपयोगात् । असद्गुरुस्तु अन्यः सर्व एव। एवं यियासुः गुरोः ज्ञानलक्षणां दीक्षां प्राप्नोति यया सद्य एव मुक्तो भवति जीवन्नपि, अत्र अवलोकनात् कथनात् शास्त्र-संबोधनात् चर्यादर्शनात् चरुदानात् इत्यादयो भेदाः। अभ्यासवतो वा तदानीं सद्य एव प्राणवियोजिकां दीक्षां लभते, सा तु मरण-क्षण एव कार्या इति वक्ष्याम इति। तीव्र-स्त्रिधा उत्कृष्टमध्यात् शक्तिपातात् कृतदीक्षा-कोऽपि स्वात्मनः शिवतायां न तथा दृढप्र-तिपत्तिः भवति, प्रतिपत्तिपरिपाकक्रमेण तु देहान्ते शिव एव, मध्यमध्यात् तु शिवतोत्सु-कोऽपि भोगप्रेप्सुः भवति इति तथैव दीक्षायां ज्ञानभाजनम्, स च योगाभ्यासलब्धम् अने-नैव देहेन भोगं भुक्त्वा देहान्ते शिव एव। निकृष्टमध्यात्तु देहान्तरेण भोगं भुक्त्वा शिव-त्वम् एति, इति। मध्यस्तु त्रिधा—भोगोत्सु-कता यदा प्रधानभूता तदा मन्दत्वं—पारमे-

---

पं० २ क० पु० स एवेति पाठः।

पं० १२ क० पु० देहान्ते इत्यारभ्य भुक्त्वा इत्यन्तः पाठो नास्ति।

श्वरमन्त्रयोगोपायतया यतस्तत्र औत्सुक्यम्, पारमेशमन्त्रयोगादेश्च यतो मोक्षपर्यन्तत्वम् अतः शक्तिपातरूपता। तत्रापि तारतम्यात् त्रैविध्यम्, इत्येष[17] मुख्यः शक्तिपातः। वैष्णवादीनां तु राजानुग्रहवत् न मोक्षान्तता इति न इह विवेचनम्। शिवशक्त्यधिष्ठानं तु सर्वत्र इति उक्तम्, सा[18] परं ज्येष्ठा न भवति अपि तु घोरा घोरतरा वा, स एष शक्तिपातो विचित्रोऽपि तारतम्यवैचित्र्यात्[19] भिद्यते, कश्चित् वैष्णवादिस्थः समय्यादिक्रमेण स्रोतः[20]पञ्चके च प्राप्तपरिपाकः सर्वोत्तीर्णभगवत्षडर्धशास्त्रपरमाधिकारिताम् एति, अन्यस्तु उल्लङ्घनक्रमेण अनन्तभेदेन, कोऽपि अक्रमम् इति अत एव अधराधरशासनस्था गुरवोऽपि इह मण्डलमात्रदर्शनेऽपि अनधिकारिणः, ऊर्ध्वशासनस्थस्तु गुरुः अधराधरशासनं प्रत्युत प्राणयति — पूर्णत्वात् इति सर्वाधिकारी। स च

१७ त्रिविधः।

१८ सा—शिवशक्तिरित्यर्थः।

१९ तारतम्यवैचित्र्यात्—अवान्तरातिशयेनेत्यर्थः।

२० स्रोतःपञ्चके — तन्त्रविशेषे इत्यर्थः।

दैशिको गुरुः आचार्यो दीक्षकः चुम्बकः, स चायं पूर्णज्ञान एव सर्वोत्तमः – तेन विना दीक्षाद्यसंपत्तेः । योगी तु फलोत्सुकस्य युक्तो यदि उपायोपदेशेन अव्यवहितमेव फलं दातुं शक्तः उपायोपदेशेन तु ज्ञाने एव युक्तो मोक्षेऽपि अभ्युपायात् ज्ञानपूर्णताकाङ्क्षी च बहूनपि गुरून्[२१] कुर्यात् । उत्तमोत्तमादिज्ञानभेदापेक्षया तेषु तु वर्तेत, संपूर्णज्ञानगुरुत्यागे तु प्रायश्चित्तमेव । ननु सोऽपि अब्रुवन् विपरीतं वा ब्रुवन् किं न त्याज्यः, नैव इति ब्रूमः, तस्य हि पूर्णज्ञानत्वात् एव रागाद्यभाव इति अवचनादिकं शिष्यगतेनैव केनचित् अयोग्यत्वानाश्वस्तत्वादिना निमित्तेन स्यात् इति, तदुपासने यतनीयं शिष्येण, न तत्त्यागे। एवम् अनुग्रहनिमित्तं शक्तिपातो निरपेक्ष एव–

---

२१ यदुक्तम्

'आमोदार्थी यथा भृङ्गः पुष्पात् पुष्पान्तरं व्रजेत् ।
विज्ञानार्थी तथा शिष्यो गुरोर्गुर्वन्तरं व्रजेत् ॥'

इति ।

पं० १२ ख० पु० शिष्यगतं नैवेति पाठः ।

कर्मादिनियत्यपेक्षणात्। तिरोभाव इति, तिरोभावो हि [22]कर्माद्यपेक्षगाढदुःखमोहभागित्वफलः, यथाहि – प्रकाशस्वातन्त्र्यात् प्रबुद्धोऽपि मूढवत् चेष्टते हृदयेन च मूढचेष्टां निन्दति, तथा मूढोऽपि प्रबुद्धचेष्टां मन्त्राराधनादिकां कुर्यात्, निन्देच्च[23], यथा च अस्य मूढचेष्टा क्रियमाणापि प्रबुद्धस्य ध्वंसम् एति तथा अस्य प्रबुद्धचेष्टा, सा तु निन्द्यमाना – निषिद्धा-

---

२२ यथोक्तं तन्त्रालोके

'नियत्यैव यदा चैव स्वरूपाच्छादनक्रमात् ।
भुङ्क्ते दुःखविमोहादि तदा कर्मफलक्रमः ॥
त्यक्त्वा तु नियमं कार्मं दुःखमोहपरीतताम् ।
बिभासयिपुरास्तेऽयं तिरोधानेऽनपेक्षकः ॥'

इति ।

२३ तथा च श्रीविद्याधिपतिः

'ये यौष्माके शासनमार्गे कृतदीक्षाः
संगच्छन्ते मोहवशाद्विप्रतिपत्तिम् ।
नूनं तेषां नास्ति भवद्धानुनियोगः
संकोचः किं सूर्यकरैस्तामरसानाम् ॥
ज्ञातज्ञेया धातृपदस्था अपि मन्त्रे
ये त्वन्मार्गात्कापथगास्तेऽपि न सम्यक् ।
प्रायस्तेषां लैङ्गिकबुद्ध्यादिसमुत्थो
मिथ्याबोधः सर्पवसादीपजकल्पः ॥'

इति ।

पं० १ क० पु० नियत्यनपेक्षणादिति पाठः ।
पं० २ क० पु० कर्माद्यनपेक्षेति पाठः ।

चरणरूपत्वात् स्वयं च तथैव विशङ्कमानत्वात् एनं दुःखमोहपङ्के निमज्जयति, न तु उत्पन्नशक्तिपातस्य तिरोभावोऽस्ति, अत्रापि च कर्माद्यपेक्षा[24] पूर्ववत् निषेध्या, तत्रापि च इच्छावैचित्र्यात् एतद्देहमात्रोपभोग्यदुःखफलत्वं वा दीक्षासमयचर्यागुरुदेवाग्न्यादौ सेवानिन्दनोभयप्रसक्तानामिव प्राक् शिवशासनस्थानां तत्त्यागिनामिव । तत्रापि इच्छावैचित्र्यात् तिरोभूतोऽपि स्वयं वा शक्तिपातेन युज्यते, मृतो वा बन्धुगुर्वादिकृपामुखेन, इत्येवं पञ्च[25]-

२४ यथोक्तम् ।

'न चास्य कर्ममहिमा तादृग्येनेत्थमास्त सः ।
किं हि तत्कर्म कस्माद्वा पूर्वेणात्र समो विधिः ॥
तस्मात्सा परमेशेच्छा ययायं मोहितस्तथा ।
अनन्तकालसंवेद्यदुःखपात्रत्वमीहते ॥
तत्रापि चेच्छावैचित्र्यादिहामुत्रोभयात्मकः ।'

इति ।

२५ यथोक्तं श्रीसोमानन्दपादैः

'कुत्सितेऽकुत्सितस्य स्यात्कथमुन्मुखतेति चेत् ।
रूपप्रसाररसतो गर्हितत्वमयुक्तिमत् ॥

पं० १ क० पु० तथैव इति पाठः ।
पं० १० ख० पु० कृपामूलेनेति पाठः ।

कृत्यभागित्वं स्वात्मनि अनुसंदधत् परमेश्वर एव, इति न खण्डितमात्मानं पश्येत् ।

यथा निरर्गलस्वात्मस्वातन्त्र्यात्परमेश्वरः ।
आच्छादयेन्निजं धाम तथा विवृणुयादपि ॥
अप्रबुद्धेऽपि वा धाम्नि स्वस्मिन्बुद्धवदाचरेत् ।
भूयो बुध्येत वा सोऽयं शक्तिपातोऽनपेक्षकः ॥

जह निअर्झउ
महेसरु अच्छवि संविरवितन्ह ।
पुणुस अत्ति विपर
पसरु अच्छ इविमल सरूइ ॥

इति श्रीमदभिनवगुप्ताचार्यविरचिते तन्त्रसारे शक्तिपातप्रकाशनं नाम एकादशमाह्निकम् ॥ ११ ॥

पञ्चप्रकारकृत्योक्तिशिवत्वान्निजकर्मणे ।
प्रवृत्तस्य निमित्तानामपरेषां क मार्गणम् ॥'

इति ।

अथ द्वादशमाह्निकम् ।

दीक्षादिकं वक्तव्यम् इति उक्तम्, अतो दीक्षास्वरूपनिरूपणार्थं प्राक् कर्तव्यं स्नानम् उपदिश्यते । स्नानं च शुद्धता उच्यते, शुद्धता च परमेश्वरस्वरूपसमावेशः । कालुष्यापगमो हि शुद्धिः[1], कालुष्यं च तदेकरूपेऽपि अतत्स्वभावरूपान्तरसंवलनाभिमानः । तदिह[2] स्वतन्त्रानन्दचिन्मात्रसारे स्वात्मनि विश्वत्रापि वा तदन्यरूपसंवलनाभिमानः[3] अशुद्धिः, सा च महाभैरवसमावेशेन व्यपोह्यते, सोऽपि कस्यचित् झटिति भवेत्, कस्यापि उपायान्तरमुखप्रेक्षी । तत्रापि[4] च एकद्वित्र्यादिभेदेन समस्तव्यस्ततया क्वचित् कस्यचित् कदाचित् च, तथा आश्वासोपलब्धेः विचित्रो भेदः । स च अष्टधा—क्षितिजलपव-

---

१ सामान्येन कथनमेतत् ।

२ विशेषमाह तदिहेत्यादिना ।

३ तदन्यरूपेति अस्वतन्त्राप्रकाशरूपेत्यर्थः ।

४ तत्रापि च – उपायमुखप्रेक्षित्वे इत्यर्थः ।

१७

नहुताशनाकाशसोमसूर्यात्मरूपासु अष्टासु[5] मूर्तिषु मन्त्रन्यासमहिम्ना परमेश्वररूपतया भाविता‍सु तादात्म्येन च देहे परमेश्वरसमाविष्टे शरीरादिविभागवृत्तेः चैतन्यस्यापि परमेश्वरसमावेशप्राप्तिः, कस्यापि तु स्नानवस्त्रादितुष्टिजनकत्वात् परमेशोपायतामेतीति, उक्तं च श्रीमदानन्दादौ[6] – धृतिः आप्यायो वीर्यं मलदाहो व्याप्तिः सृष्टिसामर्थ्यं स्थितिसामर्थ्यम् अभेदश्च इत्येतानि तेषु मुख्यफलानि – तेषु तेषु[7] उपाहितस्य मन्त्रस्य तत्तद्रूपधारित्वात् । वीरोद्देशेन तु विशेषः, तद्यथा – रणरेणुः वीराम्भः महामरुत् वीरभस्म श्मशाननभः तदुपाहितौ

---

५ यथोक्तं तन्त्रालोके

'एता ह्यनुग्रहात्मानो मूर्तयोऽष्टौ शिवात्मिकाः ।
स्वरूपशिवरूपाभ्यां ध्यानात्तत्तत्फलप्रदाः ॥'

इति ।

६ यथोक्तं तन्त्रालोके

'श्रीमदानन्दशास्त्रे च नाशुद्धिः स्याद्विपश्चितः ।
किं तु स्नानं सवस्त्रत्वं तुष्टिसंजननं भवेत् ॥'

इति ।

७ तेषु तेषु – पृथिव्यादिष्वित्यर्थः । उपाहितस्य–अनुसंधानेन स्थापितस्येत्यर्थः ।

पं० ४ क० पु० शरीराविभागवृत्तेरिति पाठः ।

चन्द्रार्कौ आत्मा निर्विकल्पकः । पुनरपि बाह्याभ्यन्तरतया द्वित्वम्, बहिरुपास्यमन्त्रतादात्म्येन तन्मयीकृते तत्र तत्र निमज्जनम् इत्युक्तम् । विशेषस्तु आनन्दद्रव्यं वीराधारगतं निरीक्षणेन शिवमयीकृत्य तत्रैव मन्त्रचक्रपूजनम्, ततः तेनैव देहप्राणोभयाश्रितदेवताचक्रतर्पणम् इति मुख्यं स्नानम् । आभ्यन्तरं यथा – तत्तद्धरादिरूपधारणया तत्र तत्र पार्थिवादौ चक्रे तन्मयीभावः ।

परभैरवसंमज्जन-
माहुः स्नानं यथा तु तद्भवति ।
तदपि बाह्यं स्नानं
न मुख्यमुपचारतः किं तु ॥

---

८ तत्र बाह्यस्नानक्रमः–यथेष्टमन्त्रं हृदये स्मरन् गोरजोऽन्तः पदत्रयं गच्छेत् इति पार्थिवम् १ तथैव पञ्चाङ्गमन्त्रैर्मूर्धादिपादान्तं प्रक्षाल्य साङ्गमूलं जपन्निमज्जेत् २ अस्त्रेणाभ्युत्थितं भस्म जप्त्वा कवचहृद्गुह्यपदे दद्यात् ततो भस्ममुष्टिं साङ्गमूलजप्तां मूर्ध्नि क्षिपेत् ३ ह्लादिनि वायौ मन्त्रवाक् गतागतं कृत्वा वायव्यं स्नानमाचरेत् ४ तथा निर्मले गगनेऽपि एकाग्रीकृतदृष्टिर्मन्त्रं स्मरेत् इत्याकाशीयम् ५ एवं सोमार्कतेजसि शिवभावनं स्नानमुच्यते, तथा

'आत्मैव परमेशानो निराचारमहाह्रदः ।
विश्वं निमज्ज्य तत्रैव तिष्ठन्शुद्धश्च शोधकः ॥'

इत्यात्मस्नानमष्टमम् ।

परमानन्दनिमज्जणु
इउपरमत्थिण ह्वाणु ।
तहिं आविद्दतरत्ति
दिणु जाणइ पर अप्पाणु ॥

इति श्रीमदाचार्याभिनवगुप्तविरचिते श्रीतन्त्रसारे स्नानप्रकाशनं
नाम द्वादशमाह्निकम् ॥ १२ ॥

अथ त्रयोदशमाह्निकम् ।

अथ प्रसन्नहृदयो यागस्थानं यायात्, तच्च यत्रैव हृदयं प्रसादयुक्तं परमेश्वरसमावेशयोग्यं भवति तदेव, न तु अस्य अन्यल्लक्षणम्, उक्तावपि ध्येयतादात्म्यमेव कारणम्, तदपि भावप्रसादादेव इति नान्यत् स्थानम् । पीठ[1]पर्वताग्रम् इत्यादिस्तु शास्त्रे स्थानोद्देश एतत्पर एव बोद्धव्यः—तेषु तेषु पीठादिस्थानेषु परमेशनियत्या परमेश्वराविष्टानां शक्तीनां देहग्रहणात्, [2]आर्यदेशा इव धार्मिकाणां, म्लेच्छदेशा इव अधार्मिकाणाम्, पर्वताग्रादेश्चैकान्तत्वेन विक्षेपपरिहारात् ऐका[3]ग्र्यपदत्वम् इति । तत्र यागगृहाग्रे बहिरेव

१ पीठपर्वताग्रं—प्रद्युम्नपीठादि ।

२ आर्यावर्तः पुण्यभूमिर्मध्यं विन्ध्यहिमागयोरिति कोशः ।

३ तदुक्तम् ।

'तस्मात्सिद्ध्यै विमुक्त्यै वा पूजाजपसमाधिषु ।
तत्स्थानं यत्र विश्रान्तिसुन्दरं हृदयं भवेत् ॥'

इति ।

पं० ११ क० पु० ऐकाग्र्यप्रदत्वमिति पाठः ।

सामान्यन्यासं कुर्यात्, करयोः पूर्वं, ततो देहे। ह्रीं-न-फ-ह्रीं, ह्रीं-आ-क्ष-ह्रीं इत्याभ्यां शक्ति-शक्तिमद्वाचकाभ्यां मालिनीशब्दराशिमन्त्राभ्याम्, एकेनैव आदौ शक्तिः ततः शक्तिमानिति, मुक्तौ पादाग्राच्छिरोऽन्तम्, भुक्तौ तु सर्वो विपर्ययः। मालिनी हि भगवती मुख्यं शाक्तं रूपं बीजयोनिसंघट्टेन समस्तकामदुघम्।

---

४ शब्दराशिः – मातृका, तत्र मातृकान्यासो यथा।

'ललाटवक्त्रे दृक्कर्णनासागण्डरदौष्ठगे।
द्वये द्वये शिखाजिह्वे विसर्गान्तास्तु षोडश॥
दक्षान्ययोः स्कन्धबाह्वोः कराङ्गुलिनखे कचौ।
वर्गौ टतौ क्रमात्कट्यामूर्वादिषु नियोजयेत्॥
पवर्गं पार्श्वयोः पृष्ठे जठरे हृद्यथो नव।
इत्येष मातृकान्यासः .... ॥'

इति। मालिनीन्यासस्तु परात्रिंशिकाविवरणे निर्दिष्टः। तत्र मातृका बालाङ्गनादिप्रसिद्धा। मालिनी यथा – न ऋ ॠ ऌ ॡ थ च ध ई ण उ ऊ ब क ख ग घ ङ इ अ व भ य ड ढ ठ झ ञ ज र ट प छ ल आ स अः ह ष क्ष म श अं त ए ऐ ओ औ द फ, इति।

५ यथोक्तं तन्त्रालोके

'अन्योन्यबीजयोनीनां क्षोभाद्वैसर्गिकोदयात्।
कां कां सिद्धिं न वितरेत्किं वा न्यूनं न पूरयेत्॥
योनिबीजार्णसांकर्यं बहुधा यद्यपि स्थितम्।
तथापि नादिफान्तोऽयं क्रमो मुख्यः प्रकीर्तितः॥'

इति।

पं० १ ग० पु० पूर्णमिति पाठः।

पं० २ क० पु० अ-क्षेति पाठः।

अन्वर्थं चैतन्नाम रुद्रशक्तिमालाभिर्युक्ता फलेषु पुष्पिता संसारशिशिरसंहारनादभ्रमरी सिद्धि-मोक्षधारिणी दानादानशक्तियुक्ता इति र-ल-योरेकत्वस्मृतेः । अत एव हि भ्रष्टविधिरपि मन्त्र एतन्न्यासात् पूर्णो भवति, साञ्जनो[६]ऽपि गारुडवैष्णवादिर्निरञ्जनताम् एत्य मोक्षप्रदो भवति । देहन्यासानन्तरम् अर्घपात्रे अयमेव न्यासः । इह हि क्रियाकारकाणां[७] परमेश्वराभे-दप्रतिपत्तिदार्ढ्यसिद्धये पूजाक्रिया उदाहरणी-[८]

६ साञ्जनः-मायामलसहित इत्यर्थः ।

७ तल्लक्षणं यथा ।

'यावत्सिद्धमसिद्धं वा साध्यत्वेनाभिधीयते ।
आश्रितक्रमरूपत्वात्सा क्रियेत्यभिधीयते ॥'

तथा ।

'गुणभूतैरवयवैः समूहः क्रमजन्मनाम् ।
बुद्ध्या प्रकल्पिताभेदः क्रियेति व्यपदिश्यते ॥'

इति । तथा कारकाणि

'कर्ता कर्माथ करणं संप्रदानं तथैव च ।
अपादानं तथाधारः कारकाणि षडेव हि ॥'

इति ।

८ उदाहरणीकृतेति ।

'यथा हि वाहः कटकभ्रमस्वातन्त्र्यमागतः ।
अश्वः संग्रामरूढोऽपि तां शिक्षां नातिवर्तते ॥

पं० २ क० पु० संसारशिशिरसंसारनादेति पाठः ।
पं० ५ क० पु० यन्त्रेति पाठः ।

कृता, तत्र च सर्वकारकाणाम् इत्थं परमेश्वरीभावः, तत्र यष्ट्राधारस्य स्थानशुद्ध्यापादानकरणयोरर्घपात्रशुद्धिन्यासाभ्याम् यष्टुर्देहन्यासात्, याज्यस्य स्थण्डिलादिन्यासात् । एवं क्रियाक्रमेणापि परमेश्वरीकृतसमस्तकारकः तयैव दृशा सर्वक्रियाः पश्यन् विनापि प्रमुखज्ञानयोगाभ्यां परमेश्वर एव भवति । एवम् अर्घपात्रे न्यस्य पुष्पधूपाद्यैः पूजयित्वा तद्विप्रुड्भिः यागसारं पुष्पादि च प्रोक्षयेत् । ततः प्रभामण्डले[१०] भूमौ खे वा ओं-बाह्यपरिवा-

---

तथार्चनक्रियाभ्यासशिवीभावितकारकः ।
गच्छंस्तिष्ठन्नपि द्वैतं कारकाणां व्यपोज्झति ॥

तथैवाभ्यासनिष्ठस्याक्रमाद्विश्वमिदं हठात् ।
संपूर्णशिवताक्षोभनरीनृत्तमिव स्फुरत् ॥'

इति । उक्तं चोत्पलभट्टपादैः

'अहो साधुतमः कोऽपि शिवपूजामहोत्सवः ।
षट्त्रिंशतोऽपि तत्त्वानां क्षोभो यत्रोल्लसत्यलम् ॥'

इति ।

९ यथोक्तम् ।

'अर्घपात्राम्बुविप्रुड्भिः स्पृष्टं सर्वं हि शुध्यति ।
शिवार्ककरसंस्पर्शात्कान्या शुद्धिर्भविष्यति ॥'

इति ।

१० प्रभामण्डलेति—त्रिशूलार्कवृषमातृक्षेत्रपान्यजेत्, तत्रार्चने क्रमः ।

राय नम इति पूजयेत् । ततो [११]द्वारस्थाने ओं-द्वारदेवताचक्राय नम इति पूजयेत्। अगुप्ते तु बहिःस्थाने सति प्रविश्य मण्डलस्थण्डिलाग्र एव बाह्यपरि[१२]वारद्वारदेवताचक्रपूजां पूर्वोक्तं च न्यासादि कुर्यात्, न बहिः। ततोऽपि फट् फट् फट् इति अस्त्रजप्तपुष्पं प्रक्षिप्य विघ्नानपसारितान् ध्यात्वा अन्तः प्रविश्य परमेश्वरकिरणेद्धया दृष्ट्या अभितो यागगृहं प[१३]श्येत्। तत्र मुमुक्षुरुत्तराभिमुखस्ति-

---

'तारो नाम चतुर्थ्यन्तं नमश्चेत्यर्चने मनुः ।
एकोच्चारेण वा बाह्यपरिवारेति शब्दितः ॥'

इति ।

११ द्वारस्थान इत्यत्र विस्तारक्रमो यथा – द्वारोर्ध्वे लक्ष्मीगणेशपूजनं, तयोर्दक्षे दण्डिनं, वामे महोदरं, मध्ये वागीश्वरीं, स्वदक्षे नन्दिनं, वामे कालं, मध्ये त्रिमार्गगां, तथैव स्वदक्षे द्वाःस्थशाखयोः कालिन्दीच्छागमेपान्, देहल्यधोऽनन्तेशमाधारशक्तीश्च, द्वारमध्ये सरस्वत्या सहास्त्रं पूजयेत्, सर्वे च पद्माधारगताः कल्पनीयाः, मन्त्रश्च पूर्ववदेव । संक्षेपक्रमेण 'द्वारदेवताचक्राय नम' इति बोध्यम् ।

१२ यथोक्तं तन्त्रालोके ।

'रहस्यपूजां चेत्कुर्यात्तद्बाह्यपरिवारकम् ।
द्वाःस्थांश्च पूजयेदन्तर्देवाग्रे कल्पनाक्रमात् ॥'

इति ।

१३ तथा अस्त्रमन्त्रेण दिग्बन्धनं कवचेन तदाच्छादनं च कुर्यात् इत्यवान्तरो भेदः ।

१८

ष्टेत्, यथा भगवदघोरतेजसा झटित्येव प्लुष्टपाशो भवेत्। तत्र[14] परमेश्वरस्वातन्त्र्यमेव मूर्त्याभासनया[15] दिक्तत्त्वम् अवभासयति। तत्र चित्प्रकाश एव मध्यं, तत इतरप्रविभागप्रवृत्तेः प्रकाशस्वीकार्यमूर्ध्वम्, अतथाभूतम्[16] अधः, प्रकाशनसंमुखीनं पूर्वम्, इतरत् अपरम्[17], संमुखीभूतप्रकाशत्वात् अनन्तरं तत्प्रकाशधारारोहस्थानं दक्षिणम् आनुकूल्यात्, तत्संमुखं तु अवभास्यत्वात् उत्तरम्, इति दिक्चतुष्कम्। तत्र मध्ये भगवान्, ऊर्ध्वेऽस्य ऐशानं वक्त्रम्, अधः पातालवक्त्रम्, पूर्वादिदिक्चतुष्के श्रीतत्पुरुषाघोरसद्योवामाख्यम्, दिक्चतुष्कमध्ये अन्याश्च-

---

१४ इह

'यद्यप्यस्ति न दिङ्नाम काचित्पूर्वापरादिका।
प्रत्ययो हि न तस्याः स्यादेकस्या अनुपाहितेः॥
उपाधिः पूर्वतादिष्ट इति चेत्तत्कृतं दिशा।
उपाधिमात्रं तु तथा वैचित्र्याय कथं भवेत्॥'

इत्याशङ्कां गर्भीकृत्याह तत्रेत्यादि।

१५ मूर्त्याभासना च

'मूर्तिवैचित्र्यतो देशक्रममाभासयत्यसौ।'

इति प्रत्यभिज्ञादिष्टनीत्या।

१६ अतथाभूतं—प्रकाशेनास्वीकृतमित्यर्थः।

१७ अपरं – पश्चिममित्यर्थः।

तत्त्रः—इत्येवं संविन्महिमैव मूर्तिकृतं दिग्भेदं भासयति, इति दिक् न तत्त्वान्तरम्। यथा यथा च स्वच्छाया[१८] लङ्घयितुम् इष्टा सती पुरः पुरो भवति तथा परमेश्वरमध्यतामेति सर्वाधिष्ठातृतैव माध्यस्थ्यम् इत्युक्तम्। एवं यथा भगवान् दिग्विभागकारी[१९] तथा सूर्योऽपि, स हि पारमेश्वर्यैव ज्ञानशक्तिरित्युक्तं तत्र तत्र[२०], तत्र पूर्वं व्यक्तेः पूर्वा यत्रैव च तथा तत्रैव, एवं स्वात्माधीनापि स्वसंमुखीनस्य देशस्य पुरस्तात्त्वात् । एवं स्वात्मसूर्यपरमेशत्रितयैकीभावनया दिक्चर्चा इति अभिनवगुप्तगुरवः । एवं

---

१८ यथोक्तम् त्रिकहृदये ।

'स्वपदा स्वशिरश्छायां यद्वल्लङ्घितुमीहते ।
पादोद्देशे शिरो न स्यात्तथेयं बैन्दवी कला ॥'

इति ।

१९ यथोक्तम् तन्त्रालोके ।

'दिग्विभागस्तु तज्ज्ञोऽस्ति वदनानां चतुष्टयात् ।
पञ्चमास्ययुजित्वे तौ परित्यक्तनिजात्मकौ ॥'

इति ।

२० तत्र तत्र – परात्रिंशिकादावित्यर्थः ।

पं० ४ ग० पु० परमेश्वरोऽपि मध्यतामिति पाठः ।

स्थिते उत्तराभिमुखम्[21] उपविश्य देहपुर्यष्टकादौ[22] अहंभावत्यागेन देहतां दहेत्[23] संनिधावपि पर-देहवत्—अदेहत्वात्, ततो निस्तरङ्गध्रुवधाम-रूढस्य दृष्टिस्वाभाव्यात् या किल आद्या स्पन्द-कला सैव मूर्तिः, तदुपरि यथोपदिष्टयाज्य-देवताचक्रन्यासः, प्राधान्येन च इह शक्तयो याज्याः—तदासनत्वात् भगवन्नवात्मादीनां[24]

२१ उत्तराभिमुखमिति । तथा चोक्तं

'तन्मध्यस्थितनाथस्य ग्रहीतुं दक्षिणं महः ।
उदङ्मुखाः स्युः पाश्चात्यं ग्रहीतुं पूर्वतोमुखाः ॥'

इति ।

२२ पुर्यष्टकशरीरशुद्धिर्यथा—हृत्पद्मस्थितमात्मानं सूक्ष्मं खद्योतनिभं स्फुरत्तारकाकारं हृत्कण्ठतालुभ्रूमध्यब्रह्मरन्ध्रभेदेन ऊर्ध्वरेचकक्रमेण द्वाद-शान्ते विनियोज्य मनोऽहङ्कारबुद्धीः परतत्त्वे विलाप्य शून्यं शरीरं ध्यायेत् इति ।

२३ यथोक्तं विज्ञानभैरवे

'कालाग्निना कालपदादुत्थितेन स्वकं पुरम् ।
प्लुष्टं विचिन्तयेदन्ते शान्ताभासः प्रजायते ॥'

इति ।

२४ नवात्मत्वं तु

'प्रकृतिः पुरुषश्चैव नियतिः काल एव च ।
माया विद्या तथेशश्च सदाशिवशिवौ तथा ॥'

इति निर्दिष्टमस्ति, शक्तेरेव पूज्यत्वादित्यत्र अयं भावः—सर्वथा हि विमर्शनमेव च पूजेति शिवस्यापि स्वप्रकाशतापत्त्यै तदपेक्षेति ।

पं० ३ क० पु० निस्तरङ्गक्रमधाम इति पाठः ।
पं० ७ क० पु० भगवति इति पाठः ।

शक्तेरेव च पूज्यत्वात्, इति गुरवः। तत्र च पञ्च अवस्था जाग्रदाद्याः, षष्ठी च अनुत्तरा नाम स्वभावदशा अनुसंधेया, – इति षोढा न्यासो भवति। तत्र कारणानां ब्रह्मविष्णुरुद्रेशसदाशिवशक्तिरूपाणां प्रत्येकम् अधिष्ठानात् षट्त्रिंशत्तत्त्वकलापस्य लौकिकतत्त्वोत्तीर्णस्य भैरवभट्टारकाभेदवृत्ते न्यासे पूर्णत्वात् भैरवीभावः तेन एतत् अनवकाशम्। यदाहुः 'अतरङ्गरूढौ लब्धायां पुनः किं तत्त्वसृष्टिन्यासादिना' इति। तावत् हि तदतरङ्गं भैरववपुः यत् स्वात्मनि अवभासितसृष्टिसंहारावैचित्र्यकोटि । एवम् अन्योन्यमेलकयोगेन परमेश्वरीभूतं प्राणदेहबुद्ध्यादि भावयित्वा बहिरन्तः पुष्पधूपतर्पणाद्यैर्यथासंभवं पूजयेत्। तत्र शरीरे प्राणे धियि च तदनुसारेण शूलाब्जन्यासं कुर्यात्, तद्यथा – आधार[२५]शक्तिमूले मूलं, कन्द आमूलसारकं लम्बिकान्ते, कलातत्त्वान्तो दण्डः, मायात्मको ग्रन्थिः, चतुष्किकात्मा शुद्धविद्यापद्मं, तत्रैव सदाशिवभट्टारकः स एव महाप्रेतः – प्रकर्षेण ली-

२५ आधारशक्तिमूले–नाभ्यन्तश्चतुरङ्गुले इत्यर्थः।

नत्वात् बोधात् प्राधान्येन वेद्यात्मकदेहक्षयात् नादामर्शात्मकत्वाच्च, इति । तन्नाभ्युत्थितं तन्मूर्धरन्ध्रत्रयनिर्गतं नादान्तर्वर्तिशक्तिव्यापिनीसमनारूपमरात्रयं द्विषड्कान्तं, तदुपरि शुद्धपद्मत्रयम् औन्मनसम्, एतस्मिन् विश्वमये भेदे आसनीकृते अधिष्ठातृतया व्यापकभावेन आधेयभूतां यथाभिमतां देवतां कल्पयित्वा यत् तत्रैव समस्वभावनिर्भरात्मनि विश्वभावार्पणं तदेव पूजनं, यदेव तन्मयीभवनं तद्ध्यानं, यत् तथाविधान्तःपरामर्शसद्भावनादान्दोलनं स जपः, यत् तथाविधपरामर्शक्रमप्रबुद्धमहातेजसा तथाबलादेव विश्वात्मीकरणं स होमः, तदेवं कृत्वा परिवारं तत एव वह्निराशेर्विस्फुलिङ्गवत् ध्यात्वा तथैव पूजयेत् ।

द्वादशान्तमिदं प्राग्रं त्रिशूलं मूलतः सरन् ।
देवीचक्राग्रगं त्यक्तक्रमः खचरतां व्रजेत् ॥

पं० २ ग० पु० नादामर्शत्वादिति पाठः ।
पं० ४ क० पु० रूपपरात्रयमिति पाठः ।
पं० ६ ग० पु० व्यापकाभावेनेति पाठः ।
पं० ८ क० ग० पु० समस्तभावनिर्भरेति पाठः ।
पं० १३ ग० पु० स्फुरन् इति पाठः ।

मूलाधाराद्द्विषट्कान्तव्योमाग्रापूरणात्मिका ।
खेचरीयं खसंचारस्थितिभ्यां खामृताशनात् ॥

एवम् अन्तर्यागमात्रादेव वस्तुतः कृतकृत्यता । सत्यतः तदाविष्टस्य तथापि बहिरपि कार्यो यागोऽवच्छेदहानय एव, योऽपि तथा समावेशभाक् न भवति तस्य मुख्यो बहिर्यागः, तदभ्यासात् समावेशलाभो—यतस्तस्यापि तु पशुतातिरोधानायान्तर्यागः—तदरूढावपि तत्संकल्पबलस्य शुद्धिप्रदत्वात् । अथ यदा दीक्षां चिकीर्षेत् तदाधिवासनार्थं भूमिपरिग्रहं, गणेशार्चनं, कुम्भकलशयोः पूजां, स्थण्डिलार्चनं, हवनं च कुर्यात् । नित्यनैमित्तिकयोस्तु स्थण्डिलाद्यर्चनहवने एव । तत्र अधिवासनं शिष्यस्य संस्कृतयोग्यताधानम् अम्लीकरणमिव दन्तानां, देवस्य कर्तव्योन्मुखत्वग्राहणम्, गुरोस्तद्ग्रहणम् । उपकरणद्रव्याणां यागगृहान्तर्वर्तितया परमेशतेजोबृंहणेन पूजोपकरणयोग्यतार्पणमिति । तत्र सर्वोपकरणपूर्णं यागगृहं विधाय

पं० १२ क० पु० 'हवनं' इति पदं नास्ति ।

पं० १४ क० पु० दन्तानां कर्तव्येति पाठः ।

भगवतीं मालिनीं मातृकां वा स्मृत्वा तद्वर्ण-तेजःपुञ्जभरितं गृहीतं भावयन् पुष्पाञ्जलिं क्षिपेत् । तत उक्तास्त्रजप्तानि यथासंभवं सिद्धार्थधान्याक्षतलाजादीनि तेजोरूपाणि वि-कीर्य ऐशान्यां दिशि क्रमेण संघट्टयेत्, इति भूपरिग्रहः । ततः शुद्धविद्यान्तमासनं दत्त्वा गणपतेः पूजा, ततः कुम्भम् आनन्दद्रव्यपूरि-तम् अलंकृतं पूजयेत्, ततो याज्यमनु पूगं न्यस्य तत्र मुख्यं मन्त्रं सर्वाधिष्ठातृतया विधि-पूर्वकत्वेन स्मरन् अष्टोत्तरशतमन्त्रितं तेन तं कुम्भं कुर्यात्। द्वितीयकलशे विघ्नशमनाय अस्त्रं यजेत्। ततः स्वस्वदिक्षु लोकपालान् सास्त्रान् पूजयेत्। ततः शिष्यस्य प्राक् दीक्षितस्य हस्ते अस्त्रकलशं दद्यात्। स्वयं च गुरुः कुम्भम् आददीत। ततः शिष्यं गृहपर्यन्तेषु विघ्नशम-नाय धारां पातयन्तं सकुम्भोऽनुगच्छेत् इमं मन्त्रं पठन्—

भो भोः शक्र त्वया स्वस्यां दिशि विघ्नप्रशान्तये ।
सावधानेन कर्मान्तं भवितव्यं शिवाज्ञया ॥

पं० १८ क० पु० विघ्नोपशान्तये इति पाठः ।

त्र्यक्षरे नाम्नि—भो इत्येकमेव[२६] । तत ऐशान्यां दिशि कुम्भं स्थापयेत् । विकिरोपरि [२७]अस्त्रकलशम् । तत उभयपूजनम् । ततः स्थण्डिलमध्ये परमेशपूजनम् । ततः अग्निकुण्डं परमेश्वरशक्तिरूपतया भावयित्वा तत्र अग्निं प्रज्वाल्य हृदयान्तर्बोधाग्निना सह एकीकृत्य मन्त्रपरामर्शसाहित्येन ज्वलन्तं शिवाग्निं भावयित्वा, तत्र न्यस्य अभ्यर्च्य मन्त्रान् तर्पयेत् आज्येन तिलैश्च । अर्घपात्रेण च प्रोक्षणमेव तिलाज्यादीनां संस्कारः । स्रुक्स्रुवयोश्च परमेशाभेददृष्टिरेव हि संस्कारः । ततो यथाशक्ति हुत्वा स्रुक्स्रुवौ ऊर्ध्वाधोमुखतया शक्तिशिवरूपौ परस्परोन्मुखौ विधाय समपादोत्थितो द्वादशान्तगगनोदितशिवपूर्णचन्द्रनिःसृतपतत्परामृतधाराभावनां कुर्वन् वौषडन्तं मन्त्रम् उच्चा-

---

२६ मन्त्रस्य च्छन्दोभङ्गप्रसङ्गात् ।

२७ अन्योन्यविपर्ययेण कलशे स्थाप्य इत्यर्थः । अयं भावः—विघ्नशान्तौ सत्यां शिवशक्त्योस्तादात्म्यमेव समावेशबलेन संपन्नम् ।

पं० ६ क० पु० एकीकृत्य परामर्शेति पाठः ।

पं० १५ ग० पु० धाराभावेन भावनाम् इति पाठः ।

१९

रयन् च आज्यक्षयान्तं तिष्ठेत्, इति पूर्णाहुतिः[28] मन्त्रचक्रसंतर्पणी । ततश्चरुं प्रोक्षितमानीय स्थण्डिलकलशकुम्भवह्निषु भागं भागं निवेद्य, एकभागम् अवशेष्य, शिष्याय भागं दद्यात् । ततो दन्तकाष्ठम् । तत्पातोऽग्नि-यम-निर्ऋतिदिक्षु अधश्च न शुभ इति । तत्र होमोऽस्त्रमन्त्रेण कार्यः । ततो विक्षेपपरिहारेण भाविमन्त्रदर्शनयोग्यतायै बद्धनेत्रं शिष्यं प्रवेश्य जानुस्थितं तं कृत्वा पुष्पाञ्जलिं क्षेपयेत् । ततः सहसा अपासितनेत्रबन्धोऽसौ शक्तिपातानुगृहीतकरणत्वात् संनिहितमन्त्रं तत्स्थानं साक्षात्कारेण पश्यन् तन्मयो भवति, अनुगृहीतकरणानां मन्त्रसंनिधिः प्रत्यक्षः यतस्त्रस्यताम् इव भूतानाम् । ततः स्वदक्षिणहस्ते दीप्यतया

---

२८ यथोक्तं तन्त्रालोके ।

'य ऊर्ध्वे किल संबोधः कुण्डे स प्रतिबिम्बितः ।
वह्निः प्राणः स्रुक्स्रुवौ च स्नेहः संकल्पचिद्रसः ॥
इत्थं ज्ञात्वादितः कुण्डस्रुक्स्रुवाज्यमनून्मृशम् ।
द्वादशान्तविबोधाग्नौ रुद्ध्वा पूर्णाहुतिं क्षिपेत् ॥'

इति ।

पं० ७ क० पु० अस्त्रेण कार्य इति पाठः ।

देवताचक्रं[२९] पूजयित्वा तं हस्तं मूर्धहृन्नाभिषु शिष्यस्य पाशान् दहन्तं निक्षिपेत्[३०]। ततो वामे सोम्यतया पूजयित्वा शुद्धतत्त्वाप्यायिनं, ततः प्रणामं कुर्यात् । ततो भूतदेवतादिग्बलिं मद्य-मांसजलादिपूर्णं वहिर्दद्यात्, आचामेत । ततः स्वयं चरुभोजनं कृत्वा शिष्यात्मना सह ऐक्य-मापन्नः प्रबुद्धवृत्तिः तिष्ठेत् । स्वपन् अपि प्रभाते शिष्यः चेत् अशुभं स्वप्नं[३१] वदेत् तत्

२९ देवताचक्रं–सर्वाध्वपूर्णं । पूजयित्वा–वामपाणिनेति शेषः ।

३० शिवहस्तविधिरेषः, यथोक्तं तन्त्रालोके ।

'शिवहस्तविधिं कृत्वा तेन संक्लुष्टपाशकम् ।
शिष्यं विधाय विश्रान्तिपर्यन्तं ध्यानयोगतः ॥
ततः कुम्भेऽस्त्रकलशे वह्नौ स्वात्मनि तं शिशुम् ।
प्रणामं कारयेत्पश्चाद्भूतमातृबलिं क्षिपेत् ॥'

इति ।

३१ इत्थं हि स्वप्नाध्याये स्वप्नशुभाशुभपर्यालोचनम्

'देवाग्निगुरुतत्पूजाकारणोपस्करादिकम् ।
हृद्या स्त्री मद्यपानं चाप्याममांसस्य भक्षणम् ॥
रक्तपानं शिरश्छेदरक्तविण्मूत्रलेपनम् ।
पर्वताश्वगजप्रायहृद्ययुग्याधिरोहणम् ॥
यत्प्रीत्यै स्यादपि प्रायस्तत्तच्छुभमुदाहृतम् ।
तं ख्यापयेत्तुष्टिवृद्ध्यै ह्लादो हि परमं फलम् ॥'

इति, एतच्च शङ्कमानविषयम् । अन्यस्य तु न किञ्चित् शुभमशुभं वा । यथोक्तं

पं० २ क० पु० शिष्यपाशानिति पाठः ।
पं० ५ क० पु० मांसादिपूर्णमिति पाठः ।

अस्मै न व्याकुर्यात्—शङ्कातङ्कौ हि तथास्य स्याताम्, केवलम् अस्त्रेण तन्निष्कृतिं कुर्यात्। ततस्तथैव परमेश्वरं पूजयित्वा तदग्रे शिष्यस्य प्राणक्रमेण प्रविश्य हृत्कण्ठतालुललाटरन्ध्र-द्वादशान्तेषु षट्सु कारणषट्कस्पर्शं कुर्वन् प्रत्येकमष्टौ संस्कारान् चिन्तयन् कंचित्कालं शिष्यप्राणं तत्रैव विश्रमय्य पुनरवरोहेत्। इत्येवापादिताष्टाचत्वारिंशत्संस्कारोपरिकृतरु-[32]

'येषां तु शङ्काविलयस्तेषां स्वप्नवशोत्थितम्।
शुभाशुभं न किञ्चित् स्यात्………… ॥'

इति। तत्रापि स्फुटो विशेषः

'स्फुटं पश्यति सत्त्वात्मा राजसो लिङ्गमात्रतः।
न किञ्चित्तामसस्तस्य सुखदुःखाच्छुभाशुभम् ॥'

इति।

३२ अष्टाचत्वारिंशत्संस्कारास्तु यथा—गर्भाधानं पुंसवनं सीमन्तोन्नयनं जातकर्म नामकर्म निष्क्रमणम् अन्नप्राशनं चूडाकरणम् व्रतबन्धः। अस्मिन्नेव—मेखलाबन्धव्रतं दन्तकाष्ठव्रतम् अजिनव्रतम् ज्यायुषव्रतं संध्याव्रतं वह्न्युपासाव्रतं भिक्षाव्रतम् इति सप्त व्रतानि अन्तर्भवन्ति। एतान्येव तन्त्रशास्त्रे भौतेशाद्यभिधाभिधेयानि। तथा ऐष्टिकं पार्विकं भौतिकं सौमिकं गोदानम् उद्वाहः। अष्टकाः पार्वणी श्राद्धं श्रावणी आग्रायणी चैत्री आश्वयुजी। आग्नेयम् अग्निहोत्रं दार्शं पौर्णमासं चातुर्मास्यं पशुबन्धः सौत्रामणिः अग्निष्टोमः अत्यग्निष्टोमः उक्थ्यः षोडशिका वाजपेयः अतिरात्रः आप्तोर्यामः। हिरण्यपादः (अस्यैवावान्तरभेदाः—गुह्यहिरण्यधृत् हिरण्यमेढ्रः हिरण्यनाभिः हिरण्यगर्भः हिरण्यश्रोत्रः हिरण्यत्वक् हिरण्याक्षः हिरण्यजिह्वः हिरण्यशृङ्ग इति नव

द्रांशापत्तिः समयीभवति । ततः अस्मै पूज्यं मन्त्रं पुष्पाद्यैः सह अर्पयेत् । ततः समयान् अस्मै निरूपयेत् । गुरौ सर्वात्मना भक्तिः, तथा शास्त्रे देवे, तत्प्रतिद्वन्द्विनि पराङ्मुखता, गुरुवत् गुरुपुत्रादेः विद्यासंबन्धकृतस्य तत्पूर्वदीक्षितादेः

चित्रयज्ञाभिधाः ।) अश्वमेधः वानप्रस्थं पारिव्राज्यं दया क्षान्तिः अनसूया शौचम् अनायासः मङ्गल्यम् अकार्पण्यम् अस्पृहा इति ।

तदिमे शास्त्रान्तरेषु क्रमशः समुद्दिष्टाः संख्याताश्च । तथा च श्रीस्वच्छन्दे

'ब्राह्मणस्याधिकाराष्टाचत्वारिंशतमेव च ।
गर्भः पुंसवनं चैव सीमन्तो जातकर्म च ॥
नाम निष्क्रमणं चैव अन्नप्राशनचूडकम् ।
अनेनैव वरारोहे शोध्यास्त्वष्टौ प्रकीर्तिताः ॥
एतैर्निर्वर्तितैर्देवि ततोऽसौ जायते द्विजः ।
नवमो व्रतबन्धस्तु स चाङ्गी परिकीर्तितः ॥
अङ्गानि संप्रवक्ष्यामि यथावदनुपूर्वशः ।
मेखला दन्तकाष्ठं च अजिनं त्र्यायुषं तथा ।
संध्यां वह्नेरुपास्तां च भिक्षां वै सप्तमं विदुः ।
नियन्तॄणि च दृष्टानि दीक्षाकाले वरानने ॥'

नियन्तॄणि—प्रथमाश्रमावस्थितेर्लोपो मा भूदित्यवश्यानुष्ठेयानि इति वैदिककल्पानुसृत्या । तान्त्रिकानुसारेण तु

'भौतेशं पाशुपत्यं च गाणं गाणेश्वरं तथा ।
उन्मत्तकासिधारं च घृतेशं सप्तमं विदुः ॥
सप्तैतानि तु दृष्टानि व्रतानि ब्रह्मचारिणाम् ॥'

दृष्टानि—पारमेश्वरे शास्त्रे-तन्त्रे इत्यर्थः । इत्येवमुद्दिष्टानि ।

'चर्याव्रतानि बोध्यानि अङ्गत्वे कीर्तितानि तु ।
एभिस्तु सहितं ह्येकं नवमं व्रतबन्धनम् ॥

संदर्शनम् यौनसंबन्धस्य तदाराधनार्थम्, न तु स्वत इति मन्तव्यम् । स्त्रियो वन्ध्यायास्तज्जुगुप्साहेतुं न कुर्यात् । देवतानाम गुरुनाम तथा मन्त्रं पूजाकालात् ऋते न उच्चारयेत् । गुरूपभुक्तं शय्यादि न भुञ्जीत । यत् किंचित्

तस्यान्तर्भूतमेवैतत्कथितं व्रतसप्तकम् ।
चतुर्दश व्रतान्येवं होतव्यानि वरानने ॥'

इति । तथा

'वेदव्रतानि चत्वारि होतव्यानि न संशयः ।'

तान्याह

'ऐष्टिकं पार्विकं चैव भौतिकं सौमिकं तथा ।'

इष्टि-पर्व-भूत-सोमयज्ञप्रतिपादक-वैदिकग्रन्थपाठेन कालकार्याणि व्रतानि ऐष्टिकादिशब्दैः पारमेश्वरेषु शास्त्रेषूक्तानि । यज्ञसूत्रे तु

'त्रैविद्यं च चातुर्होत्रं गोदानं स्नानमित्यपि ।
वेदव्रतानि चत्वारि .... ॥'

इत्येवमुक्तानि, इह तु गोदानं पृथगेव भविष्यति । तदेतावत्पर्यन्तमेतान्संस्कारान्

'त्रयोदश विजानीयात् .... ।'

एभिरनुष्ठितैश्चायं वेदेष्वधिकृत इत्याह

'............ ततो वै वेदभाजनम् ॥'

किं च

'ततो भवति गोदानं तच्चतुर्दशकं प्रिये ।'

वेदाध्ययनान्ते उपाध्यायाय गोमिथुनदानेनोपलक्षितमात्मनः केशादिवपनं गोदानम् ।

अथ गुरुभिर्गार्हस्थ्यायानुज्ञातः

'स्नात उद्वाहयेद्भार्यां ज्ञानसिद्धः कुमारिकाम् ।'

लौकिकं क्रीडादि तत् गुरुसंनिधौ न कुर्यात् । तद्व्यतिरेकेण न अन्यत्र उत्कर्षबुद्धिं कुर्यात् । सर्वत्र श्राद्धादौ गुरुमेव पूजयेत् । सर्वेषु च नैमित्तिकेषु शाकिनीत्यादिशब्दान् न वदेत् । पर्वदिनानि पूजयेत् । वैष्णवाद्यैरधोदृष्टिभिः सह

वेदाध्ययनेन लब्धशुद्धिः स्नात उच्यते, अध्ययनान्ते हि स्नानमनेनैवा-शयेनाम्नातम्, अत एवायं वेदार्थाधिगमात्मना ज्ञानेन सिद्धः-संपूर्णः । अथ वा 'ब्रह्मचर्यादेव प्रव्रजेत्' इति चोदितत्वात् शीघ्रमेव प्राव्रज्य-मिच्छन्

'कृत्वा दर्भमयीं भार्यां तया सह यजेत्क्रतून् ॥'

गृहस्थाश्रमचोदितनित्यनैमित्तिकरूपमित्थमुद्वाहात्मकसंस्कारसंपादनरूप-मेतत्कर्म

'तज्ज्ञेयं पञ्चदशमं .... ।'

अनेनैव—

"पितृदेवमनुष्याणां भूतानां तर्पणं तथा ।
ब्रह्मणोऽध्ययनं चेति महायज्ञास्तु पञ्च वै ॥"

इति यज्ञसूत्रप्रतिपादिता नित्ययज्ञाः संगृहीताः । यतश्च

"पञ्च सूना गृहस्थस्य चुल्लीपेषिण्युपस्कराः ।
खण्डनी चोदकुम्भस्तु बध्यते यास्तु वाहयन् ॥
तासां क्रमेण सर्वासां निष्कृत्यर्थं महात्मभिः ।
पञ्च क्लृप्ता महायज्ञाः प्रत्यहं गृहमेधिनाम् ॥"

तत्र च

"अध्ययनं ब्रह्मयज्ञः, पितृयज्ञस्तु तर्पणम् ।
होमो दैवो, बलिर्भौतो, नृयज्ञोऽतिथिपूजनम् ॥"

इति । एवमुद्वाहसत्त्वे एते नित्ययज्ञाः संगृहीताः इत्याशयः, नैमित्ति-कानाह

'............... ततः प्राकमखाः क्रमात् ।
नैमित्तिकांश्च तानाहुः प्रवक्ष्याम्यनुपूर्वशः ॥

संगतिं न कुर्यात् । एतच्छासनस्थान् पूर्वजातिबुद्ध्या न पश्येत् । गुरुवर्गे गृहागते यथाशक्ति यागं कुर्यात् । अधोमार्गस्थितं कंचित् वैष्णवाद्यं तच्छास्त्रकुतूहलात् गुरूक्त्यापि त्यजेत् । तदापि न उत्कर्षबुद्ध्या पश्येत् । लिङ्गिभिः

अष्टकाः पार्वणी श्राद्धं श्रावण्याग्रायणी तथा ।
चैत्री चाश्वयुजी चेति सप्त पाकमखाः क्रमात् ॥'

पौषादिकृष्णपक्षगताः शाकमांसापूपशाकैः पितॄणां संतर्पणीयत्वात्तन्नामिकाः शाकाद्या अष्टकाः, पार्वणी—सितासितपक्षाद्यदिने तत्रत्यो यागस्तथोक्तः, श्राद्धम्—पित्रादिमृताहपारणीयो विधिः, श्रावण्यां विधेय उपाकर्मादिविधिः श्रावणी, आग्रायणी—नवान्नयागः, चैत्री—तत्पूर्णिमायां मन्वादिसत्तया विधेयः पितृश्राद्धादिकल्पः, आश्वयुजी—आश्वयुज्यां विधेयं व्रीह्याग्रयणाद्यावश्यकहविर्दानादिकर्म । इति निर्दिष्टपाकयज्ञसप्तकम् । तदेवं

'एतैः सह विजानीयाद्द्वाविंशत्परिसंख्यया ।'

एतैः सप्तभिः सह पूर्वोक्तान्पञ्चदश संस्कारान् । अथ

'आग्नेयं चाग्निहोत्रं च दार्शं चैव ततः परम् ।
पौर्णमासी तथा ज्ञेया चातुर्मास्यं तथैव च ॥
पशुबन्धः समुद्दिष्टः सौत्रामणिरतः परम् ।
हविर्यज्ञाः समादिष्टाः सप्तैते पावताः प्रिये ॥'

आग्नेयमरणिक्रमेणाग्न्यानयनम्, अग्निहोत्रं—सायं प्रातश्च होमः, दार्शः—विपरीतलक्षणया दृश्यमानचन्द्राश्रयामावास्यो यागः, पौर्णमासी सर्वासु पूर्णिमासु विधेयः सामान्ययागः, चातुर्मास्यं—फाल्गुनाचैत्राद्वा प्रभृति मासचतुष्टयान्ते पौर्णमास्यां विधेयो विशिष्टो यागः, पशुबन्धः—यागविशेषः यत्र पशोर्मांसवसादि हूयते, सौत्रामणिः—सुत्रामदेवताकः सुरायागः । एतानपि संकलयति

'एभिः सह विजानीयात्संस्कारैकोनत्रिंशकम् ।'

सह समाचारमेलनं न कुर्यात्, तान् केवलं यथाशक्ति पूजयेत्। शङ्कास्त्यजेत्। चक्रे स्थितश्चरमाद्यादिविभागं जन्मकृतं न संकल्पयेत्। शरीरात् ऋते न अन्यत् आयतनतीर्थादिकं बहुमानेन पश्येत्। मन्त्रहृदयम् अनवरतं

अथ

'अग्निष्टोमात्यग्निष्टोमौ उक्थ्यः षोडशिका तथा ।
वाजपेयोऽतिरात्रस्तु आप्तोर्यामस्तथैव च ॥'

इति । त एते यागविशेषाः

'सोमसंस्थाः समाख्याताः ··············· ।'

गृहकरणकसोमपानयुक्ता यज्ञरूपाः क्रियाः सोमसंस्थाः । एतावदन्तानेतान्संस्कारात्

'··············· षट्त्रिंशत्परिसंख्यया ॥'

प्रोक्तमन्त्राहुतिक्रमेण कुर्यादिति शेषः । अथ

'हिरण्यपादः प्रथमस्तथा गुह्यहिरण्यधृत् ।
हिरण्यमेढ्रो हिरण्यनाभिर्हिरण्यगर्भ एव च ॥
हिरण्यश्रोत्रो हिरण्यत्वग्घिरण्याक्षस्तथैव च ।
हिरण्यजिह्वस्तच्छृङ्गो दश यज्ञाः प्रकीर्तिताः ॥'

गर्भः—हृदयम्, एते पक्षाद्यावयवाः, अग्निचित्याविशेषाः येषां पादादिस्थानेषु हिरण्यं दीयते तत्तत्पक्षाद्याकृतिभेदात् ।

'शतेन तु धृतं चात्र एकैकं तु विजायते ।'

एतत्संपत्यर्थं होमे विशेषमाह

'एते सर्वे सहस्रेण शुद्ध्यन्ते ·············· ।

स एव सहस्रहोमसंपाद्यो हिरण्यपादादिश्चित्रयज्ञः ।

···················· सप्तत्रिंशकः ॥'

किं च

'अश्वमेधं ततः पश्चाज्जुहुयात्तु यथाक्रमम् ।'

२०

स्मरेत्, इत्येवं शिष्यः श्रुत्वा प्रणम्य अभ्युपगम्य गुरुं धनदारशरीरपर्यन्तया दक्षिणया

ब्राह्मणस्यापि कर्मवशात्प्राप्तसार्वभौमभूपतित्वस्यायमश्वमेधः कार्य एव । एवं विवाहात्प्रभृति एतावदन्तैः

'एवं कृतैस्तु तैः सर्वैस्ततश्चैव गृही भवेत् ।

गृही – द्वितीयाश्रमस्थः ।

'अष्टात्रिंशत्तमं तं तु ……………

अश्वमेधाख्यं कर्म जानीयादित्यर्थः ।

…………… वानप्रस्थं ततो भवेत् ।
पारिव्राज्यं ततोऽन्त्येष्टिमेवं ब्राह्मण्यमाप्नुयात् ॥'

वानप्रस्थं पारिव्राज्यं चाश्रमद्वयरूपं संस्कारद्वयम् अन्त्येष्टिर्विहितानुष्ठानसंभाव्यमानप्रायश्चित्तशुद्ध्यर्थं गार्हस्थ्यावस्थितस्य कार्या न तु वानप्रस्थस्याश्रितपारिव्राज्यस्य वा तेनासौ पृथङ्न गण्यते, एवमिति पारमेश्वरमन्त्रहोमक्रमे, पाशवे तु विधौ सत्यपि बीजाहारादिदोषसद्भावान्न सम्यग्ब्राह्मण्यं भवति, इदं तु पारिव्राज्यलक्षणं चत्वारिंशत्तमसंस्कारमेतैः सह विजानते पूर्वोक्तैः सह गणितमिति यावत् ।

'अत आत्मगुणानष्टौ कथयामि समासतः ।
दया सर्वेषु भूतेषु क्षान्तिश्चाप्यनसूयता ॥
शौचं चैवमनायासो मङ्गल्यं चाप्यतः परम् ।
अकार्पण्यं चास्पृहा चेत्यष्टावात्मगुणाः स्मृताः ॥'

दया – परानुकम्पा, क्षान्तिः – अपकारिषु शक्तत्वेऽप्यप्रतिक्रिया, अनसूयता – परगुणसहत्वम्, शौचं – चित्तवाक्छरीरशुद्धिः, अनायासः – अक्लेशावहकर्मकारित्वम्, मङ्गल्यं – मङ्गलद्रव्याणां दर्शनस्पर्शनचिन्तनानि, अकार्पण्यं – यथाशक्ति दातृत्वम्, अस्पृहा – यथालब्धेन संतोषः, इत्येते आत्मगुणाः – आत्मसंनिकृष्टान्तःकरणभूतवागादेर्गुणाः न त्वात्मनस्तस्य चिद्रूपत्वात् इति । इत्थमेव

'चत्वारिंशदथाष्टौ च संस्काराः समुदाहृताः ॥'

इति ।

परितोष्य पूर्वदीक्षितांश्च दीनानाथादिकान् तर्पयेत् । भाविविधिना च मूर्तिचक्रं तर्पयेत् । इत्थं समयीभवति । मन्त्राभ्यासे नित्यपूजायां श्रवणेऽध्ययने अधिकारी, नैमित्तिके तु सर्वत्र गुरुमेव अभ्यर्थयेत, इति सामयिको विधिः ।

अध्वानमालोच्य समस्तमन्तः
 पूर्णं स्वमात्मानमथावलोक्य ।
पश्येदनुग्राहधिया द्विषट्क-
 पर्यन्तमेवं समयी शिशुः स्यात् ॥

सअलभा अपरि उण्णउ परभैरउ अत्ताणु
 जाइवि अग्गणि सण्णउ जोअभिमी सत्ताणु ।
एहस समयदिक्ख परभइरव जलणि हि मज्जणिण
 इत्थति लज्जहवन बहुपरिभवहोइउवाउजिण ॥

इति श्रीमदभिनवगुप्ताचार्यविरचिते तन्त्रसारे समयिदीक्षाप्रकाशनं नाम त्रयोदशमाह्निकम् ॥ १३ ॥

अथ चतुर्दशमाह्निकम् ।

अथ पुत्रक[1]दीक्षाविधिः । स च विस्तीर्णः तन्त्रालोकात् अवधार्यः । संक्षिप्तस्तु उच्यते । समय्यन्तं विधिं कृत्वा तृतीयेऽह्नि त्रिशूलाब्जे[2] मण्डले सामुदायिकं यागं पूजयेत्, तत्र बाह्यपरिवारं द्वारदेवताचक्रं च बहिः पूजयेत्, ततो मण्डलपूर्वभागे ऐशकोणात् आरभ्य आग्नेयान्तं पङ्क्तिक्रमेण गणपतिं गुरुं परमगुरुं परमेष्ठिनं पूर्वाचार्यान् योगिनीचक्रं वागीश्वरीं क्षेत्रपालं च पूजयेत् । तत आज्ञां समुचिताम् आदाय शूलमूलात् प्रभृति सितकमलान्तं समस्तम् अध्वानं न्यस्य अर्चयेत्, ततो मध्यमे त्रिशूले मध्यारायां भगवती श्रीपराभट्टारिका भैरवनाथेन सह, वामारायां तथैव श्रीमदपरा, दक्षिणारायां श्रीपरापरा, दक्षिणे त्रिशूले मध्ये श्रीपरापरा, वामे त्रिशूले मध्ये श्रीम-

१ पुत्र इव पुत्रकः, प्रतिकृतौ अर्थे कः ।

२ पूजनं तु बहिः कल्पनया, समयिदीक्षायां हि अन्तर्यागार्थमेव त्रिशूलाब्जमण्डलनिरूपणम्, इह तु बहिः कल्पनयेति विशेषः ।

दपरा, द्वे तु यथास्वम् । एवं सर्वस्थानाधिष्ठातृत्वे भगवत्याः सर्वं पूर्णं तदधिष्ठानात् भवति इति । ततो मध्यशूलमध्यारायां समस्तं देवताचक्रं लोकपालास्त्रपर्यन्तम् अभिन्नतयैव पूजयेत् तदधिष्ठानात् सर्वत्र पूजितम् । ततः कुम्भे कलशे मण्डले अग्नौ स्वात्मनि च अभेदभावनया पञ्चाधिकरणम्[३] अनुसंन्धि कुर्यात्, ततः परमेश्वराद्वयरसबृंहितेन पुष्पादिना विशेषपूजां कुर्यात् । किं बहुना—तर्पणनैवेद्यपरिपूर्णं वित्तशाठ्यविरहितो यागस्थानं कुर्यात् । असति वित्ते तु महामण्डलयागो न कर्तव्य एव । पशूंश्च जीवतो निवेदयेत् । तेऽपि हि एवम् अनुगृहीता भवन्ति, इति कारुणिकतया पशुविधौ न विचिकित्सेत् । ततोऽग्नौ परमेश्वरं तिलाज्यादिभिः संतर्प्य तदग्रेऽन्यं

---

३ पञ्चाधिकरणं तु यथा

'ह्रस्वाकारविरिञ्चजागरधरित्र्याद्या हि ये पञ्चकाः
शक्त्याद्याश्च तथैव शङ्करनुतेः पूर्णावमर्शात्मनः ।
ये प्राप्तप्रणवाभिधाः कुशलव⋯⋯शोऽपि विश्वप्रथा-
स्तं पञ्चप्रणवं स्मरामि सततं स्वच्छन्दधामाप्तये ॥'

'ह्रस्वं दीर्घं प्लुतं सूक्ष्ममतिसूक्ष्मं परं शिवम् ।
प्रणवं पञ्चधा ज्ञात्वा भित्त्वा मोक्षो न संशयः ॥'

पशुं वपाहोमार्थं कुर्यात्, देवताचक्रं तद्द्रूपया तर्पयेत्, पुनर्मण्डलं पूजयेत्, ततः परमेश्वरं विज्ञप्य सर्वाभिन्नसमस्तषडध्वपरिपूर्णम् आत्मानं भावयित्वा शिष्यं पुरोऽवस्थितं कुर्यात् । परोक्षदीक्षायां जीवन्मृतरूपायाम् अग्रे तं ध्यायेत्, तदीयां वा प्रतिकृतिं दर्भगोमयादिमयीम् अग्रे स्थापयेत् । तथाविधं शिष्यम् अर्घपात्रविप्रुट्प्रोक्षितं पुष्पादिभिश्च पूजितं कृत्वा समस्तमध्वानं तद्देहे न्यसेत् । तत इत्थं विचारयेत्, भोगेच्छोः शुभं न शोधयेत् । मुमुक्षोस्तु शुभाशुभम् उभयमपि । निर्बीजायां तु समयपाशान् अपि शोधयेत्, सा च आसन्नमरणस्य अत्यन्तमूर्खस्यापि कर्तव्या इति परमेश्वराज्ञा, तस्यापि तु गुरुदेवताग्निभक्तिनिष्ठत्वमात्रात् सिद्धिः । अत्र च सर्वत्र वासनाग्रहणमेव भेदकम्—मन्त्राणां वासनानुगुण्येन तत्तत्कार्यकारित्वात् । एवं वासनाभेदमनुसंधाय मुख्यमन्त्रपरामर्शविशेषेण समस्तमध्वानं स्वदेहगतं शिवाद्वयभावनया

पं० ३ क० पु० सर्वाभिमानसमस्तेति पाठः ।

शोधयेत् । एवं क्रमेण पादाङ्गुष्ठात् प्रभृति द्वादशान्तपर्यन्तं स्वात्मदेहस्वात्मचैतन्याभिन्नीकृतदेहचैतन्यस्य शिष्यस्य आसाद्य तत्रैव अनन्तानन्दसरसि स्वातन्त्र्यैश्वर्यसारे समस्तेच्छाज्ञानक्रियाशक्तिनिर्भरसमस्तदेवताचक्रेश्वरे समस्ताध्वभरिते चिन्मात्रावशेषविश्वभावमण्डले तथाविधरूपैकीकारेण शिष्यात्मना सह एकीभूतो विश्रान्तिमासादयेत्, इत्येवं परमेश्वराभिन्नोऽसौ भवति । ततो यदि भोगेच्छुः स्यात् ततो यत्रैव तत्त्वे भोगेच्छा अस्य भवति तत्रैव ४समस्तव्यस्ततया योजयेत् । तदनन्तरं शेषवृत्तये परमेश्वरस्वभावात् झटिति प्रसृतं शुद्धतत्त्वमयं देहम् अस्मै चिन्तयेत्५, – इत्येषा समस्तपाशवियोजिका दीक्षा । ततः शिष्यो गुरुं दक्षिणाभिः पूर्ववत् पूजयेत् । ततोऽग्नौ शिष्यस्य विधिं कुर्यात्,

---

४ समस्तेति–अण्डकल्पनया अवान्तरभेदकल्पनया च ।

५ येन शेषवृत्तिरस्य सिध्यति ।

पं० १० क० पु० ततस्तत्रेति पाठः ।

पं० ११ ग० पु० समस्तमिति पदं नास्ति ।

श्रीपरामन्त्रः[६] अमुकस्यामुकं तत्त्वं शोधयामि, इति स्वाहान्तं प्रतितत्त्वं तिस्र आहुतयः, अन्ते पूर्णा वौषडन्ता । एवं शिवान्ततत्त्वशुद्धिः, ततो योजनिकोक्तक्रमेण पूर्णाहुतिः । भोगेच्छोः भोगस्थाने योजनिकार्थमपरा, शुद्धतत्त्वसृष्ट्यर्थमन्या । ततो गुरोः दक्षिणाभिः पूजनम्, इत्येषा पुत्रकदीक्षा । यत्र वर्तमानमेकं वर्जयित्वा भूतं भविष्यच्च कर्म शुध्यति ॥

अन्तः समस्ताध्वमयीं स्वसत्तां
बहिश्च संधाय विभेदशून्यः ।
शिष्यस्य धीप्राणतनूर्निजासु
तास्वेकतां संगमयेत्प्रबुद्धः ॥

शिष्यैकभावं झटिति प्रपद्य
तस्मिन्महानन्दविबोधपूर्णे ।
यावत्स विश्राम्यति तावदेव
शिवात्मभावं पशुरभ्युपैति ॥

६ एतन्निर्णयश्च सुस्पष्टः परात्रिंशिकाविवरणे द्रष्टव्यः ।

जे सहु एकीभाउलये
  विणु अच्छइ एहु विब्रोह समुद्द ।
सो पशु भइरवु हो इलये विणु
  अन्तर्णावज्जिउ अस असमुद्दु ॥

इति श्रीमदभिनवगुप्ताचार्यविरचिते तन्त्रसारे पुत्रकदीक्षाप्रकाशनं नाम चतुर्दशमाह्निकम् ॥ १४ ॥

२१

अथ पञ्चदशमाह्निकम् ।

यदा पुनरासन्नमरणस्य[1] स्वयं वा बन्धुमुखेन शक्तिपात उपजायते, तदा अस्मै सद्यः समुत्क्रमणदीक्षां कुर्यात् । समस्तमध्वानं शिष्ये न्यस्य तं च क्रमेण शोधयित्वा, भगवतीं कालरात्रीम्[2] मर्मकर्तनीं न्यस्य, तया क्रमात्क्रमं मर्मपाशान् विभिद्य[3], ब्रह्मरन्ध्रवर्ति शिष्यचैतन्यं कुर्यात् । ततः पूर्वोक्तक्रमेण योजनिकार्थं[4] पूर्णाहुतिं दद्यात्, यथा पूर्णाहुत्यन्ते जीवो निष्क्रान्तः परमशिवाभिन्नो[5] भवति ।

---

१ यथोक्तम् तन्त्रालोके ।

'दृष्ट्वा शिष्यं जराग्रस्तं व्याधिना परिपीडितम् ।
उत्क्रमय्य ततस्त्वेनं परतत्त्वे नियोजयेत् ॥'

इति ।

२ मन्त्रं क्षुरिकां च कालानलसमत्विषम् ।

३ मर्मपाशान् विभिद्येति, तत्र तन्निकटनिर्गच्छद्विषा आग्नेयीं धारणां भावयित्वा सर्वमर्मप्रतापनं तेन भावयेत्, ततोऽपि वायुना अङ्गुष्ठात् मस्तकपर्यन्तं देहमापूरितं भावयेत्, ततोऽपि तमङ्गुष्ठात् ऊर्ध्वपर्यन्तं समुत्कृष्य कालराज्या कृन्तेत् इति ।

४ स्वेष्टधामनि ।

५ न तस्य कश्चित् श्राद्धादिभिरुपयोग इति भावः ।

पं० ५ क० पु० कालरात्रिमस्य मर्मेति पाठः ।

बुभुक्षोस्तु द्वितीया पूर्णाहुतिः—भोगस्थाने योजनाय, तत्काले[६] च तस्य जीवलयः, नात्र शेषवर्तनम्, ब्रह्मविद्यां[७] वा कर्णे पठेत्, सा हि परामर्शस्वभावा सद्यः प्रबुद्धपशुचैतन्ये प्रबुद्धविमर्शं करोति। समय्यादेरपि[८] च एतत्पाठेऽधिकारः। सप्रत्ययां निर्बीजां तु यदि दीक्षां मूढाय आयातशक्तिपाताय च दर्शयेत्, तदा हि शिवहस्तदानकाले अयं विधिः—त्रिकोणमाग्नेयं ज्वालाकरालं रेफविस्फुलिङ्गं बहिर्वात्याचक्रध्मायमानं मण्डलं दक्षिणहस्ते चिन्तयित्वा तत्रैव हस्ते बीजं किंचित्[९] निक्षिप्य

---

६ उत्क्रमणावसरे।

७ ब्रह्मविद्यामिति, सकलां निष्कलोम्भिताम्। अत्रायमूहः—योगिन एवेयं सद्यःसमुत्क्रमणदीक्षा कार्या, न हि अनभ्यस्तप्राणचारः कथमपि एनां कर्तुं शक्नुयात् इत्यतो ब्रह्मविद्यां वा पठेदित्युक्त्या अनभ्यासिनोऽनया पठितया एनां दीक्षां कुर्यात्। अत्र हेतुमाह 'सा हि' इत्यादि। अन्तर्भावितण्यर्थतया पाठयेदित्यपि बोध्यम्।

८ यथोक्तम् तन्त्रालोके

'समयी पुत्रको वापि पठेद्विद्यामिमां तथा।
तत्पाठात्तु समय्युत्थां रुद्रांशापत्तिमश्नुते॥'

इति।

९ किंचित्—पूगादिकम्

पं० ४ क० पु० स्वभावा सती अप्रबुद्धपशुचैतन्यमिति पाठः।

ऊर्ध्वाधोरेफविबोधितफट्कार[10]परम्पराभिः अस्य तां जननशक्तिं दहेत्, एवं कुर्वन् तं हस्तं शिष्यस्य मूर्धनि क्षिपेत्, इति द्वयोरपि एषा दीक्षा निर्बीजा स्वकार्यकरणसामर्थ्यविध्वंसिनी भवति–स्थावराणामपि दीक्ष्यत्वेन उक्तत्वात्, वायुपुरान्तर्व्यवस्थितं दोधूयमानं शिष्यं लघू-[11]भूतं चिन्तयेत्–येन तुलया लघुः दृश्यते इति ।

मर्मकर्तनविधौ लघुभावे
बीजभाववलये यदि मन्त्रः ।

---

१० यथोक्तं तन्त्रालोके

'वह्निदीपितफट्कारधोरणीदाहपीडितम् ।
बीजं निर्बीजतामेति स्वसूतिकरणाक्षमम् ॥
तप्तं न तत्प्ररोहाय तेनैव प्रत्ययेन तु ।
मलमायाख्यकर्माणि मन्त्रध्यानक्रियाबलात् ॥
दग्धानि न स्वकार्याय निर्बीजप्रत्ययं त्विमम् ।
स श्रीमान् सुप्रसन्नो मे शम्भुनाथो न्यरूपयत् ॥'

इति ।

११ अत्रायं भावस्तन्त्रालोके निर्दिष्टः

'देहो हि पार्थिवो मुख्यस्तदा मुख्यत्वमुज्झति ।
भाविलाघवमन्त्रेण योजयेत्परमे पदे ॥'

इति ।

तत्तथोचितपथेन नियुक्त-
　स्तत्तदाशु कुरुते परमेशः ॥

जं अनु अन्धि विसेसं
　घेतूण जडन्ति मन्तमुच्चरइ ।
इच्छासत्तिप्पाणो
　तं तं मन्तो करेइ फुडम् ॥

इति श्रीमदभिनवगुप्ताचार्यविरचिते तन्त्रसारे सप्रत्ययदीक्षा-
प्रकाशनं नाम पञ्चदशमाह्निकम् ॥ १५ ॥

अथ षोडशमाह्निकम् ।

अथ परोक्षस्य दीक्षा, द्विविधश्च सः—मृतो जीवंश्च । तत्र कृतगुरुसेव एव मृत उद्वासितो वा अभिचारादिहतो डिम्बाहतो मृत्युक्षणोदिततथारुचिः मुखान्तरायातशक्तिपातो वा तथा दीक्ष्य इत्याज्ञा[1] । अत्र च मृतदीक्षायाम् अधिवासादि न उपयुज्यते । मण्डले मन्त्रविशेषसंनिधये यत्र बहुला क्रिया, उत्तमम्[2] उपकरणं पुष्पादि, स्थानं पीठादि, मण्डलं[3] त्रिशूलाब्जादि, आकृतिः ध्येयविशेषः, मन्त्रः स्वयं दीप्तश्च, ध्यानपरस्य योगिनः तदेकभक्तिसमावेशशालिनो ज्ञानिनश्च संबन्धः, इत्येते संनिधानहेतवो यथोत्तरम् उक्ताः । समुदितत्वे तु का कथा स्यात्—इति परमेश्वरेण उक्तम् । ततो देवं पूजयित्वा तदाकृतिं कुशादिमयीम्

---

१ परमेशस्येति शेषः ।

२ उत्तमं – लक्षणान्वितमित्यर्थः ।

३ यतस्तत् अनाहूतेऽपि मन्त्रमण्डले समयित्वप्रसाधनम् ।

अग्रे स्थापयित्वा गुर्वासादितज्ञानोपदेशक्रमेण तां पश्येत्, स च

मूलाधारादुदेत्य प्रसृतसुविततानन्तनाड्यध्वदण्डं
वीर्येणाक्रम्य नासागगनपरिगतं विक्षिपन्व्याप्तुमीष्टे ।
यावद्धूमाभिरामप्रचिततरशिखाजालकेनाध्वचक्रं
संच्छाद्याभीष्टजीवानयनमिति महाज्ञालनामा प्रयोगः ॥

एतेनाच्छादनीयं व्रजति परवशं संमुखीनत्वमादौ
पश्चादानीयते चेत्सकलमथ ततोऽप्यध्वमध्याद्यथेष्टम् ।
आकृष्टावुद्धृतौ वा मृतजनविषये कर्षणीयेऽथ जीवे
योगः श्रीशंभुनाथागमपरिगमितो जालनामा मयोक्तः ॥

बहिरपि इत्थं कथं न भवति, आकर्षणादौ विनाभ्यासात्? इति चेत्—रागद्वेषादियोगवशेन तत्प्रवृत्तौ ऐश्वर्यावेशायोगात् । ततो नियतिनियन्त्रितत्वात् अभ्यासाद्यपेक्षा स्यादेव । इह

४ दृष्टान्तपूर्वकं तन्त्रालोके निर्णीतमेतत्

'चिरविघटिते सेनायुग्मे यथा मिलिते पुन-
र्हयगजरथं स्वां स्वां जातिं रसादभिधावति ।
करणपवनैर्नाडीचक्रैस्तथैव समागतै-
र्निजनिजरसादेकीभाव्यं स्वजालवशीकृतैः ॥'

इति ।

पं० ८ क० पु० सकलमपि इति पाठः ।

तु अनुग्रहात्मकपरमेश्वरतावेशात् तथाभावः। परमेश्वर एव हि गुरुशरीराधिष्ठानद्वारेण अनुग्राह्यान् अनुगृह्णाति । स च अचिन्त्यमहिमा इति उक्तप्रायम् । एवं जालप्रयोगाकृष्टो जीवो दार्भं जातीफलादि वा शरीरं समाविष्टो भवति, न च स्पन्दते—मनःप्राणादिसामग्र्यभावात्, तदनुध्यानबलात् तु स्पन्दतेऽपि तादृशेऽपि तस्मिन् पूर्ववत् प्रोक्षणादिसंस्कारः पूर्णाहुतियोजनिकान्तः । अत्र पॅरं[5] पूर्णाहुत्या तस्य दार्भाद्याकारस्य परतेजसि लयः कर्तव्यः । एवम् उद्धृतोऽसौ पूर्णाहुत्यैव अपवृज्यते[6]—यदि स्वर्नरकप्रेततिर्यक्षु स्थितः । मनुष्यस्तु तदैव ज्ञानं योगं दीक्षां विवेकं वा लभते—अधिकारिशरीरत्वात्, इति मृतोद्धरणम् । जीवतोऽपि परोक्षस्य उत्पन्ने शक्तिपातेऽयमेव क्रमः, दार्भाकृतिकल्पनजीवाकृष्टिवर्जम् । ध्यानमात्रोपस्थापितस्यैव अस्य संस्कारः । दीक्षा च भोगमोक्षोभयदायिनी — स्ववासनाबलीयस्त्वात्,

---

५ विशेष इयानत्रेत्यर्थः ।

६ अपवृज्यते—मुक्तो भवतीत्यर्थः ।

भोगवासनाविच्छेदस्य च असंभाव्यमानत्वात् बहुभिः, दीक्षायाम् ऊर्ध्वशासनसंस्कारो बलवान् अन्यस्तु तत्संस्काराय स्यात् । परोक्षस्यापि दीक्षितस्य तथैव ज्ञानाद्याविर्भावः इति ।

परमेश्वरतावेशदार्ढ्यात्स्वातन्त्र्यभाग्गुरुः ।
परोक्षमभिसंधाय दीक्षितेति किमद्भुतम् ॥

परम्म सिवतम्म अत्तण-
प्पडिअंसच्छन्दभान ।
परमत्थं जो आविसत्ताऽस-
दिक्खइ परोक्ख इवं पिसिस्सगणं ॥

इति श्रीमदभिनवगुप्ताचार्यविरचिते तन्त्रसारे परोक्षदीक्षाप्रकाशनं नाम षोडशमाह्निकम् ॥ १६ ॥

७ तत्रायं विधिः परोक्षदीक्षणे मायोत्तीर्णे भोगाय यजेदिति ।

२२

अथ सप्तदशमाह्निकम् ।

अथ लिङ्गोद्धारः ॥

वैष्णवादिदक्षिणतन्त्रान्तेषु[1] शासनेषु ये स्थिताः तद्गृहीतव्रता वा, ये च उत्तमशासनस्था अपि अनधिकृताधरशासनगुरूपसेविनः, ते यदा शक्तिपातेन पारमेश्वरेण उन्मुखीक्रियन्ते तदा तेषामयं विधिः,– तत्र एनं कृतोपवासम् अन्य-

---

१ उक्तं च तन्त्रालोके

'अथ वैष्णवबौद्धादितन्त्रान्ताधरवर्तिनाम् ।
यदा शिवार्करश्मयोघैर्विकासि हृदयाम्बुजम् ॥
लिङ्गोद्धृतिस्तदा पूर्वं दीक्षाकर्म ततः परम् ।
प्राग्लिङ्गान्तरसंस्थोऽपि दीक्षातः शिवतां व्रजेत् ॥
तत्रोपवास्य तं चान्यदिने साधारमन्त्रतः ।
स्थण्डिले पूजयित्वेशं श्रावयेत स्ववर्तनीम् ॥
एष प्रागभवल्लिङ्गी चोदितस्त्वधुना त्वया ।
प्रसन्नेन तदेतस्मै कुरु सम्यगनुग्रहम् ॥
स्वलिङ्गत्यागशङ्कोत्थं प्रायश्चित्तमपास्य भोः ।
अचिरात्तन्मयीभूय भोगं मोक्षं प्रपद्यताम् ॥
एवमस्त्वित्यथाज्ञां च गृहीत्वा व्रतमस्य तत् ।
अपास्याम्भसि निक्षिप्य स्नपयेदनुरूपतः ॥
स्नातं संप्रोक्षयेदर्घपात्राम्भोभिरनन्तरम् ।
पञ्चगव्यं दन्तकाष्ठं ततस्तस्मै समर्पयेत् ॥'

इति ।

दिने साधारणमन्त्रपूजितस्य तदीयां चेष्टां श्रावितस्य भगवतोऽग्रे प्रवेशयेत्, तत्रास्य व्रतं गृहीत्वा अम्भसि क्षिपेत्, ततोऽसौ स्नायात्, ततः प्रोक्ष्य, चरुदन्तकाष्ठाभ्यां संस्कृत्य, बद्ध-नेत्रं प्रवेश्य साधारणेन मन्त्रेण परमेश्वरपूजां कारयेत् । ततः साधारणमन्त्रेण शिवीकृते अग्नौ व्रतशुद्धिं कुर्यात्, तन्मन्त्रसंपुटं नाम कृत्वा 'प्रायश्चित्तं शोधयामि' इति स्वाहान्तं शतं जुहुयात्। ततोऽपि पूर्णाहुतिः वौषडन्तेन। ततो व्रतेश्वरम् आहूय पूजयित्वा तस्य शिवाज्ञया 'अकिञ्चित्करः त्वमस्य भव' इति श्रावणां कृत्वा तं तर्पयित्वा विसृज्य अग्निं विसृजेत्, इति लिङ्गोद्धारः । ततोऽस्य अधिवासादि प्राग्वत्। दीक्षा यथेच्छम् ।

अधरस्थोऽपि गाढेशशक्तिप्रेरितमानसः ।
संस्कृत्य दीक्ष्यो यश्च प्राङ्गिरतोऽसद्गुरावभूत् ॥

पं० १६ ख० पु० निरतः सद्गुरावभूदिति पाठः ।

पसवअणुहं जोत्तमसासणुल
इविणुपणुपरमेसपसाइण ।
पत्थइ सद्गुरुबोहपसाहणु
सो दिक्खइ लिङ्गोद्धारिण ॥

इति श्रीमदाचार्याभिनवगुप्तविरचिते श्रीतन्त्रसारे लिङ्गोद्धरणं नाम सप्तदशमाह्निकम् ॥ १७ ॥

अथाष्टादशमाह्निकम् ।

अथाभिषेकः ।

स्वभ्यस्तज्ञानिनं साधकत्वे गुरुत्वे वा अभिषिञ्चेत्—यतः सर्वलक्षणहीनोऽपि ज्ञानवानेव साधकत्वे अनुग्रहकरणे च अधिकृतः न अन्यः अभिषिक्तोऽपि। स्वाधिकारसमर्पणे गुरुः दीक्षादि अकुर्वन् अपि न प्रत्यवैति, पूर्वं तु प्रत्यवायेन अधिकारबन्धेन विद्येशपददायिना बन्ध एव अस्य दीक्षाद्यकरणम्, सोऽभिषिक्तो मन्त्रदेवतातादात्म्यसिद्धये षाण्मासिकं प्रत्यहं जपहोमविशेषपूजाचरणेन विद्याव्रतं कुर्यात्, तदनन्तरं लब्धतन्मयीभावो दीक्षादौ अधिकृतः, तत्र न अयोग्यान् दीक्षेत, न च योग्यं परिहरेत्, दीक्षितमपि ज्ञानदाने परीक्षेत, छद्मगृहीतज्ञानमपि ज्ञात्वा उपेक्षेत, अत्र च अभिषेकविभवेन देवपूजादिकम् ।

पं० ४ क० पु० गुरुदीक्षादीति पाठः ।

पं० ७ क० पु० दीक्षादिकरणमिति पाठः ।

स्वभ्यस्तज्ञानतया
स्वार्थपरार्थाधिकारतां वहतः।
साधकगुरुतायोग-
स्तत्र हि कार्यस्तदभिषेकः ॥

जो परि उण्ण सत्थसं अणु
तस्स अणुग्गहमेतु पवित्ति।
कामणाइ जो पुणुसो साह
उतइ उपा अरुहुरइ णहु चित्ति ॥

इति श्रीमदभिनवगुप्ताचार्यविरचिते तन्त्रसारे अभिषेकप्रकाशनं
नाम अष्टादशमाह्निकम् ॥ १८ ॥

अथैकोनविंशमाह्निकम् ।

अथ अधरशासनस्थानां गुर्वन्तानामपि मरणसमनन्तरं मृतोद्धारोदितशक्तिपातयोगादेव अन्त्यसंस्काराख्यां दीक्षां कुर्यात्, ऊर्ध्वशासनस्थानामपि लुप्तसमयानाम्[1] अकृतप्रायश्चित्तानाम्—इति परमेश्वराज्ञा। तत्र यो मृतोद्धारे विधिः उक्तः स सर्व एव शरीरे कर्तव्यः, पूर्णाहुत्या शवशरीरदाहः, मूढानां तु प्रतीतिरूढये सप्रत्ययाम्[2]अन्त्येष्टिं क्रियाज्ञानयोगबलात् कुर्यात्, तत्र शवशरीरे संहार[3]क्रमेण मन्त्रान् न्यस्य जालक्रमेण आकृष्य रोधन[4]वेधनघट्ट-

१ लुप्तसमयानां—नष्टाचाराणामित्यर्थः ।

२ सप्रत्ययामिति, तथा चोक्तम्

'प्रत्ययेन विना मोक्षो न श्रद्धेयो विमोहितैः ।
तदर्थमेतदुदितं न तु मोक्षोपयोग्यतः ॥'

इत्यादिना ।

३ चरणात् मूर्धपर्यन्तमित्यर्थः ।

४ तत्र रोधनं बिन्दुना, वेधनं शक्तिबीजेन, घट्टनं त्रिशूलेन, आदिना ताडनं—तच्च विसर्गेणेति ।

पं० ३ ग० पु० अन्यसंस्कारेति पाठः ।

पं० ८ क० पु० अन्त्येष्टिक्रियां ज्ञानबलादिति पाठः ।

पं० ९ क० पु० ततः शवेति पाठः ।

नादि कुर्यात्—प्राणसंचारक्रमेण हृदि कण्ठे ललाटे च इत्येवं शवशरीरं कम्पते। ततः परमशिवे योजनिकां कृत्वा तत् दहेत् पूर्णाहुत्या, अन्त्येष्ट्या शुद्धानाम् अन्येषामपि वा श्राद्धदीक्षां त्र्यहं तुर्ये दिने मासि मासि संवत्सरे संवत्सरे कुर्यात्। तत्र होमान्तं विधिं कृत्वा नैवेद्यमेकहस्ते कृत्वा तदीयां वीर्यरूपां शक्तिं भोग्याकारां पशुगतभोग्यशक्तितादात्म्यप्रतिपन्नां ध्यात्वा परमेश्वरे भोक्तरि अर्पयेत्, इत्येवं भोग्यभावे निवृत्ते पतिरेव भवति, अन्त्येष्टिमृतोद्धरणश्राद्धदीक्षाणाम् अन्यतमेनापि यद्यपि कृतार्थता तथापि बुभुक्षोः क्रियाभूयस्त्वं फलभूयस्त्वाय इति सर्वमाचरेत्। मुमुक्षोरपि तन्मयीभावसिद्धये अयम् जीवतः प्रत्यहम् अनुष्ठानाभ्यासवत्। तत्त्वज्ञानिनस्तु न कोऽप्ययम् अन्त्येष्ट्यादिश्राद्धान्तो विधिः उपयोगी—तन्मरणं तद्विद्यासंतानिनां पर्वदिनं संविदंशपूरणात्, तावतः संतानस्य एकसंविन्मात्रपरमार्थत्वात् जीवतो ज्ञानलाभसंतान-

५ अन्येषाम्—अशुद्धानामित्यर्थः ।

दिवसवत्। सर्वत्र च अत्र श्राद्धादिविधौ मूर्तियागः प्रधानम् इति श्रीसिद्धामतम्, तद्विधिश्च वक्ष्यते नैमित्तिकप्रकाशने ।

अनुग्रहपरः शिवो वशितयानुगृह्णाति यं
स एव परमेश्वरीभवति नाम किं वाद्भुतम् ।
उपायपरिकल्पना ननु तदीशनामात्रकं
विदन्निति न शङ्कते परिमितेऽप्युपाये वुधः ॥

एहु सरीरु सअलु अह भवसरु
इच्छामित्तणजेण विचिन्ति उ ।
सोथिअ सोक्खदेयि परमेसरु
इअजानन्त उरूढिपविन्ति उ ॥

इति श्रीमदभिनवगुप्ताचार्यविरचिते तन्त्रसारे श्राद्धदीक्षाप्रकाशनं
नाम एकोनविंशमाह्निकम् ॥ १९ ॥

अथ विंशमाह्निकम् ।

अथ शेषवर्तनार्थं प्रकरणान्तरम् ।

तत्र या दीक्षा संस्कारसिद्धौ ज्ञानयोग्यान् प्रति, या च तदशक्तान् प्रति मोक्षदीक्षा सबीजा, तस्यां कृतायाम् आजीवं शेषवर्तनं[1] गुरुः उपदिशेत् । तत्र नित्यं, नैमित्तिकं, काम्यम् इति त्रिविधं शेषवर्तनम्, अन्त्यं च साधकस्यैव, तत् न इह निश्चेतव्यम् । तत्र नियतभवं नित्यं, तन्मयीभाव एव नैमित्तिकं, तदुपयोगि सन्ध्योपासनं प्रत्यहमनुष्ठानं, पर्वदिनं, पवित्रकम् इत्यादि । तदपि नित्यं स्वकालनैयत्यात्–इति केचित् । नैमित्तिकं तु तच्छासन-

---

१ शेषवर्तनं चोक्तं यथा

'अथोच्यते शेषवृत्तिर्जीवतामुपयोगिनी ।
दीक्षा बहुप्रकारेयं श्राद्धान्ता या प्रकीर्तिता ॥
सा संस्क्रियायै मोक्षाय भोगायापि द्वयाय वा ।
तत्र संस्कारसिद्ध्यै या दीक्षा साक्षान्न मोचनी ॥
अनुसंधिवशाद्या च साक्षान्मोक्ष्री सबीजिका ।
तयोभय्या दीक्षिता ये तेषामाजीववर्तनम् ॥
वक्तव्यं पुत्रकादीनां तन्मयत्वप्रसिद्धये ॥'

इति ।

स्थानामपि अनियतम्, तद्यथा—गुरुतद्वर्गागमनं तत्पर्वदिनं ज्ञानलाभदिनम् इत्यादिकम—इति केचित् । तत्र नियतपूजा, सन्ध्योपासा, गुरुपूजा, पर्वपूजा, पवित्रकम् इति अवश्यंभावि । नैमित्तिकम्—ज्ञानलाभः, शास्त्रलाभो, गुरुतद्वर्गगृहागमनं, तदीयजन्मसंस्कारप्रायणदिनानि, लौकिकोत्सवः, शास्त्रव्याख्या आदिमध्यान्ता, देवतादर्शनं, मेलकः, स्वप्नाज्ञा, समयनिष्कृतिलाभः—इत्येतत् नैमित्तिकं विशेषार्चनकारणम् । तत्र कृतदीक्षाकस्य शिष्यस्य प्रधानं मन्त्रं सवीर्यकं संवित्तिस्फुरणसारम् अलिखितं वक्त्रागमेनैव अर्पयेत्, ततः तन्मयीभावसिद्ध्यर्थं स शिष्यः संध्यासु तन्मयीभावाभ्यासं कुर्यात्, तद्वारेण सर्वकालं तथाविधसंस्कारलाभसिद्ध्यर्थं प्रत्यहं च परमेश्वरं च स्थण्डिले वा लिङ्गे वा अभ्यर्चयेत् । तत्र हृद्ये स्थण्डिले विमलमकुरवद्ध्याते स्वमेव रूपं याज्यदेवताचक्राभिन्नं मूर्तिबिम्बितमिव दृष्ट्वा

पं० ६ ग० पु० प्रयाणदिनानि इति च पाठान्तरम् ।

पं० ७ क० पु० व्याख्यादिसंध्यान्तदेवतेति पाठः ।

हृद्यपुष्प[2]गन्धासवतर्पणनैवेद्यधूपदीपोपहारस्तुतिगीतवाद्यनृत्तादिना पूजयेत्, जपेत्, स्तुवीत – तन्मयीभावमशङ्कितं लब्धुम् । आदर्शे हि स्वमुखम् अविरतम् अवलोकयतः तत्स्वरूपनिश्चितिः अचिरेणैव भवेत्, न चात्र कश्चित् क्रमः प्रधानम् – ऋते तन्मयीभावात् । परमन्त्रतन्मयीभावाविष्टस्य निवृत्तपशुवासनाकलङ्कस्य भक्तिरसानुवेधविद्रुतसमस्तपाशजालस्य यत् अधिवसति हृदयं तदेव परममुपादेयम्, इति अस्मद्गुरवः ।

अधिशय्य पारमार्थिकः-
भावप्रसरं प्रकाशमुल्लसति या ।

---

२ यदुक्तम्

'आवाहिते मन्त्रगणे पुष्पासवनिवेदितैः ।
धूपैश्च तर्पणं कार्यं श्रद्धाभक्तिबलोचितम् ॥
दीप्तानां शक्तिनादादिमन्त्राणामासवैः पलैः ।
रक्तैः प्राक्तर्पणं पश्चात्पुष्पधूपादिविस्तरः ॥
आगतस्य तु मन्त्रस्य न कुर्यात्तर्पणं यदि ।
हरत्यर्धशरीरं स इत्युक्तं किल शम्भुना ॥'

इति ।

पं० ६ ग० पु० परतन्त्रेति पाठः ।

पं० १२ ग० पु० प्रसरमुल्लसति इति पाठः ।

परमामृतद्रवरत्नं
तयार्चयन्ते रहस्यविदः ॥

कृत्वाधारधरां चमत्कृतिरसप्रोक्षाक्षणक्षालिता-
मात्तैर्मानसतः स्वभावकुसुमैः स्वामोदसंदोहिभिः ।
आनन्दामृतनिर्भरस्वहृदयानर्घार्घपात्रक्रमात्
त्वां देव्या सह देहदेवसदने देवार्चयेऽहर्निशम् ॥

इति श्लोकद्वयोक्तमर्थम् अन्तर्भावयन् देवताचक्रं भावयेत् । ततो मुद्रा[3]प्रदर्शनं, जपः, तन्निवेदनम् । बोध्यैकात्म्येन विसर्जनम् । मुख्यं नैवेद्यं स्वयम् अश्नीयात्, सर्वं वा जले क्षिपेत्, जल[4]जा हि प्राणिनः पूर्वदीक्षिताः चरुभोजनद्वारेण इति आगमविदः । मार्जारमूषकश्वादिभक्षणे तु शङ्का जनिता निरयाय – इति ज्ञानी अपि लोकानुग्रहेच्छया न तादृक् कुर्यात्, लोकं वा परित्यज्य आसीत, इति स्थण्डिलयागः । अथ लिङ्गे, तत्र न रहस्य[5]मन्त्रैः

३ मनसा योगेन, वचसा मन्त्रयोगेन, वपुषा संनिवेशतश्चेति मुद्राप्रदर्शनं बोध्यम् ।

४ मीननाथावतारिणा शंभुना ते पूर्वमेव दीक्षिता इत्यागमविदः ।

५ रहस्यमन्त्रैरिति । यथोक्तम्

पं० १ क० पु० द्रवत्वामिति पाठः ।

पं० १६ क० पु० 'न' इति पदं नास्ति ।

लिङ्गं प्रतिष्ठापयेत्, विशेषात् व्यक्तम्—इति पूर्वप्रतिष्ठितेषु आवाहनविसर्जनक्रमेण पूजां कुर्यात् आधारतया। तत्र गुरुदेहं स्वदेहं शक्तिदेहं रहस्यशास्त्रपुस्तकं वीरपात्रं अक्षसूत्रं प्राहरणं बाणीयं मौक्तिकं सौवर्णं पुष्पगन्धद्रव्यादिहृद्यवस्तुकृतं मकुरं वा लिङ्गम् अर्चयेत्[६]। तत्र च आधारबलादेव अधिकाधिकमन्त्रसिद्धिः भवति इति पूर्वं पूर्वं प्रधानम्, आधारगुणानुविधायित्वात् च मन्त्राणां तत्र तत्र साध्ये तत्तत्प्रधानम् इति शास्त्रगुरवः। सर्वत्र परमेश्वराभेदाभिमान एव परमः संस्कारः।

'एतेपामूर्ध्वशास्त्रोक्तमन्त्राणां न प्रतिष्ठितम्।
बहिष्कुर्याद्यतो ह्येते रहस्यत्वेन सिद्धिदाः॥
स्ववीर्यानन्दमाहात्म्यप्रवेशवशशालिनीम्।
ये सिद्धिं ददते तेषां बाह्यत्वं रूपविच्युतिः॥'

इति।

६ अर्चयेदिति, अत्रायं विशेषः

'न तु पाषाणजं लिङ्गं शिल्प्युत्थं परिकल्पयेत्।
धातूत्थं तु सुवर्णोत्थवर्जमन्यद्विवर्जयेत्॥
न चात्र लिङ्गमानादि क्वचिदप्युपयुज्यते।
उदारवीर्यैर्मन्त्रैर्यद्वासितं फलदं हि तत्॥'

इति।

पं० ३ ग० पु० शक्तिदेहमिति नास्ति।
पं० ४ ग० पु० रहःशास्त्रेति, प्रणहरणमिति च पाठः।

अथ पर्वविधिः ।

तत्र सामान्यं, सामान्यसामान्यं, सामान्यविशेषो, विशेषसामान्यं, विशेषो, विशेषविशेषश्च इति षोढा पर्व—पूरणात् विधेः । तत्र मासि मासि प्रथमं पञ्चमं दिनं सामान्यम्, चतुर्थाष्टमनवमचतुर्दशपञ्चदशानि द्वयोरपि पक्षयोः सामान्यसामान्यम्, अनयोरुभयोरपि राश्योः वक्ष्यमाणतत्तत्तिथ्युचितग्रहनक्षत्रयोगे सामान्यविशेषः, मार्गशीर्षस्य प्रथमरात्रिभागः कृष्णनवम्याम्, पौषस्य तु रात्रिमध्यं कृष्णनवम्याम्, माघस्य रात्रिमध्यं शुक्लपञ्चदश्याम्, फाल्गुनस्य दिनमध्यं शुक्लद्वादश्याम्, चैत्रस्य शुक्लत्रयोदश्याम्, वैशाखस्य कृष्णाष्टम्याम्, ज्यैष्ठस्य कृष्णनवम्याम्, आषाढस्य प्रथमे दिने, श्रावणस्य दिवसपूर्वभागः कृष्णैकादश्याम्, भाद्रपदस्य दिनमध्यं शुक्लषष्ठ्याम्, आश्वयुजस्य शुक्लनवमीदिनम्, कार्तिकस्य प्रथमो रात्रिभागः शुक्लनवम्याम्—इति विशेषपर्व । चित्राचन्द्रौ, मघाजीवौ, तिष्यचन्द्रौ, पूर्वफाल्गुनीबुधौ, श्रवणबुधौ, शतभिषक्चन्द्रौ, मूला-

दित्यौ, रोहिणीशुक्रौ, विशाखाबृहस्पती, श्रवणचन्द्रौ इति । यदि मार्गशीर्षादिक्रमेण यथासंख्यं भवति आश्वयुजं वर्जयित्वा तदा विशेषविशेषः । अन्यविशेषश्चेत् अन्यपर्वणि तदा तत्—अनुपर्व इत्याहुः । भग्रहयोगे च न वेला प्रधानं—तिथेरेव विशेषलाभात्, अनुयागकालानुवृत्तिस्तु पर्वदिने मुख्या—अनुयागप्राधान्यात् पर्वयागानाम्, अनुयागो मूर्तियागः चक्रयागः इति पर्यायाः । तत्र गुरुः, तद्वर्ग्यः ससन्तानः, तत्त्ववित्, कन्या, अन्त्या, वेश्या, अरुणा, तत्त्ववेदिनी वा इति चक्रयागे मुख्यपूज्याः—विशेषात् सामस्त्येन । तत्र मध्ये

७ मूर्तियागो हि समाम्नातोऽस्ति पञ्चधा, यथा तन्त्रालोके

'केवलो यामलो मिश्रश्चक्रयुग्वीरसंकरः ।
केवलः केवलैरेव गुरुभिर्मिश्रितः पुनः ॥
साधकाद्यैः सपत्नीकैर्यामलः स द्विधा पुनः ।
पत्नीयोगात्क्रयानीतवेश्यासंयोगतोऽथ वा ॥
चक्रिण्याद्याश्च वक्ष्यन्ते शक्तियोगाद्यथोचिताः ।
तत्संयोगाच्चक्रयुक्तो यागः सर्वफलप्रदः ॥
सर्वैस्तु सहितो यागो वीरसंकर उच्यते ।'

इति ।

पं० ८ क० पु० सर्वयागानामिति पाठः ।
पं० ११ क० पु० तरुणेति पाठः ।

गुरुः तदावरणक्रमेण गुर्वादिसमय्यन्तं वीरः शक्तिः इति, क्रमेण—इत्येवं चक्रस्थित्या वा पङ्क्तिस्थित्या वा आसीत, ततो गन्धधूपपुष्पादिभिः क्रमेण पूजयेत्, ततः पात्रं सदाशिवरूपं ध्यात्वा शक्त्यमृतध्यातेन आसवेन पूरयित्वा तत्र भोक्त्रीं शक्तिं शिवतया पूजयित्वा तयैव देवताचक्रतर्पणं कृत्वा नरशक्तिशिवात्मकत्रितयमेलकं ध्यात्वा आवरणावतरणक्रमेण मोक्षभोगप्राधान्यं बहिरन्तश्च तर्पणं कुर्यात्, पुनः प्रति[८]संचरणक्रमेण, एवं पूर्णं भ्रमणं चक्रं पुष्णाति। तत्र आधारे[९] विश्वमयं पात्रं स्थापयित्वा देवताचक्रं तर्पयित्वा स्वात्मानं वन्दितेन तेन तर्पयेत्, पात्राभावे भद्रं वेल्लितशुक्तिः वा, दक्षहस्तेन पात्राकारं भद्रं,

---

८ यथोक्तम्

'प्रतिसंचारयोगेन पुनरन्तः प्रवेशनम् ।
यावद्गुर्वन्तिकं तद्धि: पूर्णं भ्रमणमुच्यते ॥'

इति ।

९ आधारे इति यथोक्तम्

'आधारयुक्तं नाधाररहितं तर्पणं भवेत् ।
आधारेण विना भ्रंशो न च तुष्यन्ति रश्मयः ॥'

इति ।

२४

द्वाभ्यामुपरिगतदक्षिणाभ्यां निःसन्धीकृताभ्यां वेल्लितशुक्तिः, पतद्भिः बिन्दुभिः वेतालगुह्यकाः संतुष्यन्ति, धारया भैरवः, अत्र प्रवेशो न कस्यचित् देयः, प्रमादात् प्रविष्टस्य विचारं न कुर्यात्, कृत्वा पुनर्द्विगुणं चक्रयागं कुर्यात्, ततोऽवदंशान् भोजनादीन् च अग्रे यथेष्टं विकीर्येत, गुप्तगृहे वा संकेताभिधानवर्जं देवताशब्देन सर्वान् योजयेत्—इति वीरसंकरयागः । ततोऽन्ते दक्षिणाताम्बूलवस्त्रादिभिः तर्पयेत्—इति प्रधानतमोऽयं मूर्तियागः । अदृष्टमण्डलोऽपि मूर्तियागेन पर्वदिनानि पूजयन् वर्षादेव पुत्रकोक्तं फलमेति, विना सन्ध्यानुष्ठानादिभिः—इति वृद्धानां भोगिनां स्त्रीणां विधिरयम्, शक्तिपाते सति उपदेष्टव्यो गुरुणा ।

अथ पवित्रकविधिः । स च श्रीरत्नमालात्रिशिरोमतश्रीसिद्धामतादौ विधिपूर्वकः पारमेश्वराज्ञापूरकश्च[10], उक्तं चैतत् श्रीतन्त्रालोके

---

१० आज्ञापूरकेति, यथोक्तं तन्त्रालोके

'क्षीराब्धिमथनोद्भूतविषनिद्राविमूर्च्छितः ।

'विना पवित्रकेण सर्वं निष्फलम् ।'

इति । तत्र आषाढशुक्लात् कुलपूर्णिमादिनान्तं कार्यं पवित्रकम्, तत्र कार्तिककृष्णपञ्चदशी कुलचक्रं नित्याचक्रं पूरयति इति श्रीनित्यातन्त्रविदः । माघशुक्लपञ्चदशी इति श्रीभैरवकुलोर्मिविदः । दक्षिणायनान्तपञ्चदशी इति श्रीतन्त्रसद्भावविदः । तत्र विभवेन देवं पूजयित्वा आहुत्या तर्पयित्वा पवित्रकं दद्यात्, सौवर्णमुक्तारत्नविरचितात् प्रभृति पटसूत्रकार्पासकुशगर्भान्तमपि कुर्यात् । तच्च तत्त्वसंख्य-

---

नागराजः स्वभवने मेघकाले स नावसत् ॥
केवलं तु पवित्रेण वायुभक्षः समाशतम् ।
दिव्यं दशगुणं नाथं भैरवं पर्यपूजयत् ॥
व्यजिज्ञपच्च तं तुष्टं नाथ वेश्मन्यहं निजे ।
पाताले नासितुं शक्तः सोऽप्येनं परमेश्वरः ॥
नागं निजजटाजूटपीठगं पर्यकल्पयत् ।
ततः समस्तदेवौघैर्धारितोऽसौ स्वमूर्धनि ॥
तस्मान्महेशितुर्मूर्ध्नि देवतानां च सर्वशः ।
आत्मनश्च पवित्रं तं कुर्याद्यागपुरःसरम् ।
दशकोट्यो न पूजानां पवित्रारोहणे समाः ।
वृथा दीक्षा वृथा ज्ञानं गुर्वाराधनमेव च ॥
विना पवित्राद्येनैतद्धरेन्नाथः शिवाज्ञया ॥'

इति ।

पं० १० क० पु० ततश्चेति पाठः ।

ग्रन्थिकं पदकलाभुवनवर्णमन्त्रसंख्यग्रन्थि च जान्वन्तमेकं, नाभ्यन्तमपरं, कण्ठान्तमन्यत्, शिरसि अन्यत्—इति चत्वारि पवित्रकाणि देवाय गुरवे च समस्ताध्वपरिपूर्णतद्रूपभावनेन दद्यात्, शेषेभ्य एकम् इति । ततो महोत्सवः कार्यः, चातुर्मास्यं सप्तदिनं त्रिदिनं च इति मुख्यान्वापत्कल्पाः, सति विभवे मासि मासि पवित्रकम्, अथ वा चतुर्षु मासेषु, अथ वा सकृत्, तदकरणे प्रायश्चित्तं जपेत्, ज्ञानी अपि संभवद्वित्तोऽपि अकरणे प्रत्यवैति लोभोपहितज्ञानाकरणे ज्ञाननिन्दापत्तेः ।

> 'यदा प्राप्यापि विज्ञानं दूषितं परमेशशासनं
> तदा प्रायश्चित्ती ।'

इति वचनात् ।

इत्येष पवित्रकविधिः ।

ज्ञानलाभादौ लौकिकोत्सवान्तेऽपि सर्वत्र संविदुल्लासाधिक्यं देवताचक्रसंनिधिः विशेषतो भवति, इति तथाविधाधिक्यपर्यालोचनया तथाविधमेव विशेषमनुयागादौ कुर्यात् ।

अथ व्याख्याविधिः ।

सर्वशास्त्रसंपूर्णं गुरुं व्याख्यार्थम् अभ्यर्थयेत, सोऽपि स्वशिष्याय परशिष्यायापि वा समुचितसंस्कारोचितं शास्त्रं व्याचक्षीत, अधरशासनस्थायापि करुणावशात् ईश्वरेच्छावैचित्र्योद्भावितशक्तिपातसंभावनाभावितहृदयो व्याचक्षीत – मर्मोपदेशवर्जम्। तत्र निम्नासनस्थितेभ्यः तत्परेभ्यो नियमितवाङ्मनःकायेभ्यो व्याख्या क्रियमाणा फलवती भवति, प्रथमं गन्धादिलिप्तायां भुवि उल्लिख्य संकल्प्य वा पद्माधारं चतुरश्रं पद्मत्रयं पद्ममध्ये वागीशीं वामदक्षिणयोः गणपतिगुरू च पूजयेत, आधारपद्मे व्याख्येयकल्पदेवताम् । ततः सामान्यार्घपात्रयोगेन चक्रं तर्पयेत्, ततो व्याचक्षीत सूत्रवाक्यपटलग्रन्थम्, पूर्वापराविरुद्धं कुर्वन् तन्त्रा[११]वृत्तिप्रसङ्गसमुच्चयविकल्पादिशास्त्र-

११ देहलीदीपन्यायेन युगपदुपकारकं तन्त्रम्, भोजनपात्रन्यायेन पृथगुपकारकम् आवृत्तिः, अनिष्टापादनं प्रसङ्गः, अनेकक्रियाकारकसंबन्धः समुच्चयः, शब्दज्ञानानुपाती वस्तुशून्यो विकल्पः ।

पं०१२ क० पु० अधरपद्मे इति पाठः ।

न्यायौचित्येन पूर्वं पक्षं सम्यक् घटयित्वा सम्यक् च दूषयन् साध्यं साधयन् तात्पर्यवृत्तिं प्रदर्शयन् पटलान्तं व्याचक्षीत नाधिकम्, तत्रापि वस्त्वन्ते वस्त्वन्ते तर्पणं पूजनम् इति यावद्व्याख्यासमाप्तिः । ततोऽपि पूजयित्वा विद्यापीठं विसर्ज्य उपलिप्य अगाधे तत् क्षेपयेत् ।

इति व्याख्याविधिः ।

अथ समयनिष्कृतिः ।

यद्यपि तत्त्वज्ञाननिष्ठस्य प्रायश्चित्तादि न किंचित् तथापि चर्यामात्रादेव मोक्षभागिनः, तान् अनुग्रहीतुम् आचारवर्तनीं दर्शयेत् । अतत्त्वज्ञानी तु चर्यैकायत्तभोगमोक्षः समयोल्लङ्घने कृते प्रायश्चित्तम् अकुर्वन् वर्षशतं क्रव्यादो भवतीति – इति प्रायश्चित्तविधिः वक्तव्यः, तत्र स्त्रीवधे प्रायश्चित्तं नास्ति, अन्यत्र तु बलाबलं ज्ञात्वा अखण्डां भगवतीं मालिनीं एकवारात् प्रभृति त्रिलक्षान्तम् आवर्तयेत्

पं० २ क० पु० मध्यं साधयन् इति पाठः ।

यावत् शङ्काविच्युतिः भवति, तदन्ते विशेषपूजा, तत्रापि चक्रयागः, स हि सर्वत्र शेषभूतः ।

इति समयनिष्कृतिविधिः ।

अथ गुरुपूजाविधिः ।

सर्वयागान्तेषु उपसंहृते यागे अपरेद्युः गुरुपूजां कुर्यात्, पूर्वं हि स विध्यङ्गतया तोषितो न तु प्राधान्येन, इति तां प्राधान्येन अकुर्वन् अधिकारबन्धेन बद्धो भवति—इति तां सर्वथा चरेत् । तत्र स्वास्तिकं मण्डलं कृत्वा तत्र सौवर्णं पीठं दत्त्वा तत्र समस्तमध्वानं पूजयित्वा तत्पीठं तेन अधिष्ठाप्य तस्मै पूजां कृत्वा तर्पणं भोजनं दक्षिणाम् आत्मानम् इति निवेद्य नैवेद्योच्छिष्टं प्राथ्यं वन्दित्वा स्वयं प्राश्य चक्रपूजां कुर्यात् ।

इति गुरुपूजाविधिः ।

पं० १४ ग० पु० निवेद्य उच्छिष्टमिति पाठः ।

पं० १५ क० पु० चक्रे पूजामिति पाठः ।

नित्यं नैमित्तिकं कर्म कुर्वञ्शाठ्यविवर्जितः ।
विनापि ज्ञानयोगाभ्यां चर्यामात्रेण मुच्यते ॥

सिवणाहु सच्छन्दु
तत्त्वकोणविअप्प इच्छ ।
चरि आमित्ति णजिणजण
हुकिअ भवरोअ चिइच्छ ॥

इति श्रीमदभिनवगुप्ताचार्यविरचिते तन्त्रसारे शेषवर्तनप्रका-
शनं नाम विंशमाह्निकम् ॥ २० ॥

अथैकविंशमाह्निकम् ।

एवं समस्तं नित्यं नैमित्तिकं कर्म निरूपितम् । अधुना अस्यैव आगमस्य प्रामाण्यम् उच्यते। तत्र संविन्मात्रमये विश्वस्मिन् संविदि च विमर्शात्मिकायां, विमर्शस्य च शब्दनात्मकतायां सिद्धायां, सकलजगन्निष्ठवस्तुनः तद्गतस्य च कर्मफलसंबन्धवैचित्र्यस्य यत् विमर्शनं तदेव शास्त्रम्—इति परमेश्वरस्वभावाभिन्न एव समस्तः शास्त्रसंदर्भो वस्तुत एकफलप्रापकः एकाधिकार्युद्देशेनैव, तत्र तु परमेश्वरनियतिशक्तिमहिम्नैव भागे भागे रूढिः लोकानाम् इति। केचित् मायोचितभेदपरामर्शात्मनि वेदागमादिशास्त्रे रूढाः, अन्ये तथाविध एव मोक्षाभिमानेन सांख्यवैष्णवशास्त्रादौ, परे तु विविक्तशिवस्वभावामर्शनसारे शैवसिद्धान्तादौ, अन्ये सर्वमयपरमेश्वरतामर्शनसारे मतङ्गादिशास्त्रे, केचित् तु विरल-

पं० १६ क० पु० मतादिशास्त्रे इति पाठः ।

२५

विरलाः समस्तावच्छेदवन्ध्यस्वातन्त्र्यानन्दपरमार्थसंविन्मयपरमेश्वरस्वरूपामर्शनात्मनि श्रीत्रिक[1]शास्त्रक्रमे, केचित् तु पूर्वपूर्वत्यागक्रमेण लङ्घनेन वा—इत्येवम् एकफलसिद्धिः एकस्मादेव आगमात्। भेद[2]वादेऽपि समस्तागमानाम् एकेश्वरकार्यत्वेऽपि प्रामाण्यं तावत् अवस्थितम्, प्रामाण्यनिबन्धनस्य एकदेशसंवादस्य अविगीततताया अनिदन्ताप्रवृत्तेश्च तुल्यत्वात्, परस्परबाधो विषयभेदात् अकिंचित्करः। ब्रह्महननतन्निषेधवत् संस्कारभेदः संस्कारातिशयः[3] तदभावे क्वचित् अनधिकृतत्वम् इति समानम्—आश्रम[4]भेदवत्, फलोत्कर्षाच्च उत्कर्षः—तत्रैव

१ समस्तोर्ध्ववर्तित्रिकशास्त्रप्ररूढ्यर्थं पूर्वपूर्वोपजीवनं यथोर्ध्वस्थित्यर्थं सोपानकल्पनेत्यर्थः। त्यागस्तदाक्रमणपूर्वं, लङ्घनमनाक्रमणमेव।

२ भेदवादेऽपि—नैयायिकमते

३ संस्कारातिशय इति यदुक्तम्

'धर्मार्थकाममोक्षेषु पूर्णापूर्णादिभेदतः।
विचित्रेषु फलेष्वेक उपायः शांभवागमः॥
तस्मिन्विषयवैचित्र्याद्विचित्रफलदातरि।
चित्रोपायोपदेशोऽपि न विरोधावहो भवेत्॥'

इति।

४ यथोक्तं तन्त्रालोके

पं० ८ ग० पु० प्रवृत्तेः स्वतुल्यत्वादिति च पाठः।

उपनिषद्भागवत्, भिन्नकर्तृकत्वेऽपि सर्वसर्व-[5]ज्ञकृतत्वमत्र संभाव्यते—तदुक्ततदतिरिक्तयुक्तार्थयोगात्, नित्यत्वेऽपि आगमानां प्रसिद्धिः[6] तावत् अवश्योपगम्या—अन्वयव्यतिरेकाध्य[7]क्षादीनां तत्प्रामाण्यस्य तन्मूलत्वात्[8], 'सत्यं रजतं पश्यामि' इति हि सौवर्णि[9]कादिपरप्रसि-

'यथैकत्रापि वेदादौ तत्तदाश्रमगामिनः ।
संस्कारान्तरमत्रापि तथा लिङ्गोद्धृतादिके ॥

यथा च तत्र पूर्वस्मिन्नाश्रमे नोत्तराश्रमात् ।
फलमेति तथा पञ्चरात्रादौ न शिवात्मताम् ॥'

इति ।

५ यथोक्तं तन्त्रालोके

'तेन सर्वज्ञपूर्वत्वमात्रेणैषा प्रसिद्ध्यति ।
बहुसर्वज्ञत्वपूर्वत्वे न मानं चास्ति किञ्चन ॥

भोगापवर्गतद्धेतुप्रसिद्धिशतशोभितः ।
तद्विमर्शस्वभावोऽसौ भैरवः परमेश्वरः ॥

ततश्चांशांशिकायोगात्सा प्रसिद्धिः परस्परम् ।
शास्त्रं वाश्रित्य वितता लोकान्संव्यवहारयेत् ॥

तयैवाशैशवात्सर्वे व्यवहारधराजुषः ।
सन्तः समुपजीवन्ति शैवमेवाद्यमागमम् ॥'

इति ।

६ तस्मात्तस्मात् कर्तुरिति शेषः ।

७ अध्यक्षादीनां—प्रत्यक्षादीनामित्यर्थः ।

८ तन्मूलत्वात्-प्रसिद्धिमूलत्वादित्यर्थः ।

९ प्रामाण्यमिति शेषः ।

श्चैव, प्रसिद्धिरेव आगमः सा काँचित्[10] दृष्ट-
फला 'बुभुक्षितो भुङ्क्ते' इति बालस्य प्रसिद्धित
एव तत्र तत्र प्रवृत्तिः नान्वयव्यतिरेकाभ्यां –
तदा तयोः अभावात्, यौवनावस्थायां तद्भा[11]-
वोऽपि अकिंचित्करः, प्रसिद्धिं तु मूलीकृत्य
सोऽस्तु[12] कस्मैचित् कार्याय, काचित् अदृष्ट[13]-
वैदेह्य-प्रकृतिलय-पुरुषकैवल्यफलदा, काचित्
शिवसमानत्वफलदा, काचित् ऐक्यपर्यवसा-
यिनी, सा[14] च प्रत्येकम् अनेकविधा – इत्येवं
बहुतरप्रसिद्धिपूर्णे जगति यो यादृशो भवि[15]-
ष्यन् स तादृशीमेव प्रसिद्धिं बलादेव हृदय-

---

१० चतुर्धा हि शास्त्राणां फलप्रवृत्तिः ये चत्वारः पुरुपार्था इति, तत्र विपयविभागमाह 'काचित्' इत्यादिना ।

११ तद्भावः – अन्वयव्यतिरेकभाव इत्यर्थः ।

१२ प्रसिद्धिमूलीकरणं विना किञ्चिदपि कार्यं न सिद्ध्यति इति 'अस्तु' इत्यभ्युपगमेनोक्तम् ।

१३ पूर्वकाण्डस्य द्वैविध्यं दृष्टादृष्टभेदेनोक्तं तत्रान्वीक्षिक्यादिना दृष्टफलत्वं कर्ममीमांसाप्रभृति उपनिपद्भागपर्यन्तम्, अदृष्टेत्यादि कैवल्यफलदा इत्यन्तम्, उत्तरकाण्डस्यापि दीक्षास्वप्रकाशस्वतन्त्रप्रबोधज्ञानाभ्यां द्वैविध्यमिति दर्शयति 'काचित्' इत्यादिना ।

१४ सा – दृष्टादृष्टापि इत्यर्थः ।

१५ फलेन संभत्स्यमान इत्यर्थः ।

पं० क० पु० अदृष्टस्वर्गवैदेह्येति पाठः ।

पर्यवसायिनीम् अभिमन्यते—इति रिक्तस्य[१६] जन्तोः अतिरिक्ता वाचोयुक्तिः, तासां कांचन प्रसिद्धिं प्रमाणीकुर्वता अभ्युपगन्तव्यमेव आगमप्रामाण्यम्, इति स आगम आश्रयणीयो यत्र उत्कृष्टं फलम्, इत्यलमन्येन ।

संवित्प्रकाशपरमार्थतया यथैव
भात्यामृशत्यपि तथेति विवेचयन्तः ।
सन्तः समस्तमयचित्प्रतिभाविमर्श-
सारं समाश्रयत शास्त्रमनुत्तरात्म ॥

जिस्स दृढपसिद्धिघडिए
ववहारे सोइ अस्सि णीसंको ।
तह होहि जहुत्तिण
पसिद्धिरूढिए परमसिवो ॥

निजदृढप्रसिद्धिघटिते
व्यवहारे लोक अस्ति निःशङ्कः ।
तदा भवति जनोत्तीर्ण-
प्रसिद्धिरूढः परमशिवः ॥

इति श्रीमदभिनवगुप्ताचार्यविरचिते तन्त्रसारे आगमप्रामाण्य-
प्रकाशनं नाम एकविंशमाह्निकम् ॥ २१ ॥

---

१६ 'रिक्तस्य जन्तोर्जातस्य कार्याकार्ये अजानतः ।
विलब्धा बत केनामी सिद्धान्तविषया ग्रहाः ॥
इत्यन्वयव्यतिरेकवादपक्षः ।

अथ द्वाविंशमाह्निकम् ।

अथ समस्ता इयम् उपासा समुन्मिषत्ता-दृशद्दृढवासनारूढान् अधिकारिणः प्रति श्रीमत्कौलिकप्रक्रियया निरूप्यते, तत्र उक्तं योगसंचारादौ

'आनन्दं ब्रह्म तद्देहे त्रिधौ[1]ष्ठ्यान्त्यव्यवस्थितम् ।
अब्रह्मचारिणस्तस्य त्यागादानन्दवर्जिताः ॥
आनन्दकृत्रिमाहारवर्जं चक्रस्य याजकाः ।
द्वयेऽपि नरके घोरे तस्मादेनां स्थितिं भजेत् ॥'

तदनया स्थित्या कुलयागः, सच षोढा—बाह्ये शक्तौ स्वदेहे यामले प्राणे संविदि च इति। तत्र च उत्तर उत्तर उत्कृष्टः, पूर्वः पूर्वस्तद्दुच्यर्थम् । सिद्धिकामस्य द्वितीयतुर्यपञ्चमाः सर्वथा निर्वर्त्याः, षष्ठस्तु मुमुक्षोः मुख्यः, तस्यापि द्वितीयाद्या नैमित्तिके यथासंभवम् अनुष्ठेया एव विधिपूरणार्थं च । तत्र बाह्यं स्थण्डिलम्, आनन्दपूर्णं वीरपात्रं, अरुणः पटः, पूर्वोक्त-

१ त्रिधाद्यन्तव्यवस्थितम्
इति अन्यत्र पाठः । त्रिधा इत्यस्य
'उपकारि द्वयं तत्र फलमन्यत्तदात्मकम् ।'
इत्येवमर्थेन च व्याख्यानमस्ति ।

मपि वा लिङ्गादि । तत्र स्नानादिकर्तव्यानपेक्षयैव पूर्णानन्दविश्रान्त्यैव लब्धशुद्धिः प्रथमं प्राणसंविद्देहैकीभावं भावयित्वा संविदश्च परमशिवरूपत्वात् सप्तविंशतिवारं मन्त्रम् उच्चार्य मूर्ध-वक्र-हृद्गुह्य-मूर्तिषु अनुलोमविलोमाभ्यां विश्वाध्वपरिपूर्णता परमेश्वरे अपरत्वे परापरत्वे परत्वेऽपि च। तथाहि—माया-पुं-प्रकृति-गुण-धी-प्रभृति धरान्तं सप्तविंशतितत्त्वानि—कलादीनां तत्रैव अन्तर्भावात्, विद्याशक्तावपि परापरत्वे ब्रह्मपञ्चकस्य सद्यस्त्वाजातत्वभवोद्भवत्वादीनां धर्माणां सप्तविंशतिरूपत्वमेव उक्तं श्रीमल्लकुलेशादिपादैः। परत्वेऽपि पञ्चशक्तिः हि परमेश्वरः, प्रतिशक्ति च पञ्चरूपता, एवं पञ्चविंशतिः शक्तयः, ताश्च अन्योन्यम् अनुद्भिन्नविभागा इत्येका शक्तिः, सा चानुद्भिन्नविभागा—इत्येवं सप्तविंशतिरूपया व्याप्त्या संविदग्नेः शिखां बुद्धिप्राणरूपां सकृदुच्चारमात्रेणैव बद्धां कुर्यात्—येन परमशिव एव प्रतिबद्धा तद्व्यतिरिक्तं न किंचिदभिधावति, तथाविधबुद्ध्यधिष्ठितकरणचक्रानुवेधेन पुरोवर्तिनो

यागद्रव्यगृहदिगाधारादीनपि तन्मयीभूतान् कुर्यात्, ततोऽर्घपात्रमपि शिखाबन्धध्यास्यैव पूरयेत् पूजयेच्च, तद्विप्रुड्भिः स्थण्डिलान्यपि तद्रसेन वामानामाङ्गुष्ठयोगात् देहचक्रेषु मन्त्रचक्रं पूजयेत् तर्पयेत् च, ततः प्राणान्तः, ततः स्थण्डिले त्रिशूलात्मकं शक्तित्रयान्तमासनं कल्पयेत्, मायान्तं हि सार्णे औकारे च शक्तित्रयान्तमासनं कल्पयेत्, मायान्तं हि सार्णे औकारे च शक्तित्रयान्तं तदुपरि याज्या विमर्शरूपा शक्तिः—इत्येवं सकृदुच्चारेणैव आधाराधेयन्यासं कृत्वा तत्रैव आधेयभूतायामपि संविदि विश्वं पश्येत्, तदपि च संविन्मयम्—इत्येवं विश्वस्य संविदा तेन च तस्याः संपुटीभावो भवति, संविद उदितं तत्रैव पर्यवसितं यतो विश्वं, वेद्याच्च संवित् उदेति तत्रैव च विश्राम्यति—इति एतावत्त्वं संवित्तत्त्वं संपुटीभावद्वयात् लभ्यते । तदुक्तम्

'सृष्टिं तु संपुटीकृत्य...................... ।'

इति । ततो गन्धधूपासवकुसुमादीन् आत्म-

पं० १६ इत्येतावत्तत्त्वं संवित्तत्त्वमिति संगतः पाठः प्रतिभाति ।

प्रह्वीभावान्तान् अर्पयित्वा स्वविश्रान्त्या जप्त्वा उपसंहृत्य जले निक्षिपेत् ।

इति बाह्ययागः ।

अथ शक्तौ, तत्र अन्योन्यं शक्तितालासावीराणाम्—उभयेषाम् उभयात्मकत्वेन प्रोल्लासप्रारम्भसृष्ट्यन्तशिवशक्तिप्रबोधे परस्परं व्यापारात्, परमेशानियत्या च शुद्धरूपतया तत्र प्राधान्यम्, एतेन च विशिष्टचक्रस्यापि शक्तित्वं व्याख्यातम्, तत्र शिखाबन्धव्याप्त्यैव पूजनं शक्तित्रयान्तमासनं कोणत्रये मध्ये विसर्गशक्तिः इति तु व्याप्तौ विशेषः । एवं स्वदेहे तत्रैव चक्रे ततो ब्रह्मरन्ध्राद्यनुचक्रेषु । अथ यामले

शक्तेर्लक्षणमेतत्
तद्वद् भेदस्ततोऽनपेक्ष्य वयः ।
जात्यादींश्चासङ्गात्
लोकेतरयुगलजं हि तादात्म्यम् ॥

कार्यहेतुसहोत्थत्वात्त्रैधं साक्षादथान्यथा ।
कृप्तावतो मिथोऽभ्यर्च्या तर्प्यानन्दान्तिकत्वतः ॥

पं० ९ क० पु० शिखाव्याप्त्येति पाठः ।

पं० १० ग० पु० विमर्शशक्तिरिति च पाठान्तरम् ।

२६

चक्रमर्चेत्तदौचित्यादनुचक्रं तथानुगम् ।
बहिः पुष्पादिनान्तश्च गन्धभुक्त्यासवादिभिः ॥
एवमानन्दसन्दोहितत्तच्चेष्टोच्छलत्स्थितिः ।
अनुचक्रगणश्चक्रतादात्म्यादभिलीयते ॥

निजनिजभोगाभोग-
प्रविकासमयस्वरूपपरिमर्शे ।
क्रमशोऽनुचक्रदेव्यः
संविच्चक्रं हि मध्यमं यान्ति ॥

अनुचक्रदेवतात्मक-
मरीचिगणपूरणाधिगतवीर्यम् ।
तच्छक्तितद्वदात्मक-
मन्योन्यसमुन्मुखं भवति ॥

तद्युगलमूर्ध्वधाम-
प्रवेशसस्पन्दजातसंक्षोभम् ।
क्षुभ्नात्यनुचक्राण्यपि
तानि तदा तन्मयानि न पृथक्तु ॥

इत्थं यामलमेतद्
गलितभिदासंकथं यदैव तदा ।
क्रमतारतम्ययोगात्
सैव हि संविद्विसर्गसंघट्टः ॥

तद्ध्रुवधामानुत्तर-
मुभयात्मकजगदुदारमानन्दम् ।

पं० ३ ग० पु० उच्छलर्द्धिभिः इति शोधितः पाठः ।

नो शान्तं नाप्युदितं
शान्तोदितसूतिकारणं परं कौलम् ॥
अनवच्छिन्नपदेप्सु-
स्तां संविदमात्मसात्कुर्यात् ।
शान्तोदितात्मकद्वय-
मथ युगपदुदेति शक्तिशक्तिमतोः ॥
स्वात्मान्योन्यावेशात्
शान्तान्यत्वे द्वयोर्द्वयात्मत्वात् ।
शक्तिस्तु तद्वदुदितां
सृष्टिं पुष्णाति नो तद्वान् ॥
तस्यां चार्यं कुलमथ
तया नृषु प्रोक्तयोगसंघट्टात् ।
अथ सृष्टे द्वितयेऽस्मिन्
शान्तोदितधाम्नि येऽनुसंदधते ॥
प्राच्यां विसर्गसत्ता-
मनवच्छिदिते पदे रूढाः ।
उदितं च मिथो वक्त्रात्
मुख्याद्वक्त्रे प्रगृह्यते च बहिः ॥
तृप्तं देवीचक्रं
सिद्धिज्ञानापवर्गदं भवति ।
शान्ताभ्यासे शान्तं
शिवमेति यदत्र देवताचक्रम् ॥

पं० २ ग० पु० पूतिकारणमिति पाठः ।
पं० ११ क० पु० तस्यां चर्यामिति पाठः ।

शून्यं निरानन्दमयं
निर्वृतिनिजधामतोऽर्धं च ।
रणरणकरसान्निजरस-
भरितबहिर्भावचर्वणरसेन ॥
आन्तरपूर्णसमुच्छल-
दनुचक्रं याति चक्रमथ तदपि ।
उच्छलति प्राग्वदिति
त्रिविधोऽन्वर्थो विसर्गोऽयम् ॥
एतद्विसर्गधामनि
परिमर्शनतस्त्रिधैव मनुवीर्यम् ।
तत्तत्संविद्गर्भे
मन्त्रस्तत्तत्फलं सूते ॥
कोणत्रयान्तराश्रित-
नित्योदितमङ्गलच्छदे कमले ।
नित्याऽवियुतं नालं
षोडशदलकमलसन्मूलम् ॥
मध्यस्थनालगुम्फित-
सरोजयुगघट्टनक्रमादग्नौ ।
मध्यस्थपूर्णशशधर-
सुन्दरदिनकरकरौघसंघट्टात् ॥
त्रिदलारुणवीर्यकला-
सङ्गान्मध्येऽङ्कुरसृष्टिः ।

पं० २ क० पु० निर्वृत्तिर्धामत इति, ग० पु० ग० पु० धामतोऽर्धमित्यत्र धामतोऽयं च इति पाठान्तरोपेतश्च पाठः ।

इति शशधरवासरपति-
　चित्रगुसंघट्टमुद्रया झटिति ॥
सृष्ट्यादिक्रममन्तः-
　कुर्वंस्तुर्ये स्थितिं लभते ।
एतत्खेचरमुद्रा-
　वेशेऽन्योन्यं स्वशक्तिशक्तिमतोः ॥
पानोपभोगलीला-
　हासादिषु यो भवेद्विमर्शमयः ।
अव्यक्तध्वनिराव-
　स्फोटश्रुतिनादनादान्तैः ॥
अव्युच्छिन्नानाहत-
　परमार्थैर्मन्त्रवीर्यं तत् ।
गमनागमविश्रान्तिषु
　कर्णे नयने द्विलक्ष्मसंपर्के ॥
तत्संमीलनयोगे
　देहान्ताख्ये च यामले चक्रे ।
कुचमध्यहृदयदेशा-
　दोष्ठान्ते कण्ठगं यदव्यक्तम् ॥
तच्चक्रद्वयमध्यग-
　माकर्ण्य क्षोभविगमसमये यत् ।
निर्वान्ति तत्र चैवं
　योऽष्टविधो नादभैरवः परमः ॥
ज्योतिर्ध्वनिश्च यस्मात्
　सा मात्री व्याप्तिरुच्यते परमा ।

एवं कर्मणि कर्मणि
विदुषः स्याज्जीवतो मुक्तिः ।
तज्ज्ञः शास्त्रे मुक्तः
परकुलविज्ञानभाजनं गर्भः ॥
शून्याशून्यालयं कुर्यादेकदण्डेऽनलानिलौ ।
शूलं समरसीकृत्य रसे रसमिव स्थितम् ॥
त्यक्ताशङ्को निराचारो नाहमस्मीति भावयन् ।
देहस्था देवताः पश्यन् ह्लादोद्वेगादि चिद्घने ॥
कर्णाक्षिमुखनासादिचक्रस्थं देवतागणम् ।
ग्रहीतारं सदा पश्यन् खेचर्या सिध्यति ध्रुवम् ॥
श्वभ्रे सुदूरे झटिति स्वदेहं
संपातयन्वासमसाहसेन ।
आकुञ्च्य हस्तद्वितयं प्रपश्यन्
मुद्रामिमां व्योमचरीं भजेत ॥

इत्येष यामलयागः । उक्तव्याप्तिके प्राणे विश्वमये प्रोक्तसंविद्व्याप्त्या तर्पणान्नगन्धधूपादिसमर्पणेन उपोद्वलनं प्राणयागः । विश्रान्तिरूढिस्तु संविद्यागः प्रागेव निरूपितः । एवम् एतेभ्यो यागेभ्योऽन्यतमं कृत्वा यदि तथाविधनिर्विचिकित्सतापवित्रितहृदयः शिष्यो भवति तदा तस्मै तद्यागदर्शनपूर्वकं ति-

पं० ५ ग० पु० शून्यालये इति पाठः ।
पं० ६ क० पु० शून्यं समरसेति पाठः ।

लाज्याहुतिपूर्वकनिरपेक्षमेव पूर्वोक्तव्याप्त्या अनुसंधानक्रमेण अवलोकनया दीक्षां कुर्यात्, परोक्षदीक्षादिके नैमित्तिकान्ते तु पूर्व एव विधिः—केवलम् एतद्यागप्रधानतया इति । गुरुशरीरे सप्तमः कुलयागः सर्वोत्तमः, सोऽपि प्राग्यागसाहित्येन सकृदेव कृतः सर्वं पूरयति इति शिवम् ॥

वाहोरि सत्तिदेहिणि अदेह
इजामलि पाणबुद्धिगुरुबोधइ ।
जो अणुसंविदि सन्धि अरोह
इसो पर इक्कुल लद्धणि सोहइ ॥

इति श्रीमदभिनवगुप्ताचार्यविरचिते तन्त्रसारे कुलयागप्रकाशनं नाम द्वाविंशमाह्निकम् ॥ २२ ॥

इत्थं षडर्धक्रमसंप्रदायं
सप्रत्ययाप्रत्ययभिन्नमाप्य ।
श्रीशंभुनाथात्करुणारसेन
स्वयं प्रसन्नादनपेक्षवृत्त्या ॥
काश्मीरिकोऽभिनवगुप्तपदाभिधानः
श्रीतन्त्रसारमकरोदृजुना क्रमेण ।

पं० ६ क० पु० प्राणयागेति पाठः ।

यत्तेन सर्वजन एष शिवं प्रयातु
लोकोत्तरप्रसरशांभवतन्त्रसारम् ॥

कृतिस्तत्रभवच्छ्रीमन्महामाहेश्वराचार्यवर्यश्रीमदभिनव-
गुप्तपादानाम् ॥

सद्विद्यानां संश्रये ग्रन्थविद्वद्-
व्यूहे ह्रासं कालवृत्त्योपयाते ।
तत्तत्सद्धर्मोद्दिधीर्षैकतान-
सत्प्रेक्षौजःशालिना कर्मवृत्त्यै ॥ १ ॥

श्रीमत्कश्मीराधिराजेन मुख्यै-
र्धर्मोद्युक्तैर्मन्त्रिभिः स्वैर्विवेच्य ।
प्रत्यष्ठापि ज्ञानविज्ञानगर्भ-
ग्रन्थोद्धृत्यै मुख्यकार्यालयो यः ॥ २ ॥

तत्राजीवं निर्विशद्भिर्मुकुन्द-
रामाध्यक्षत्वाश्रितैः सद्भिरेषः ।
पूर्त्या शुद्ध्या व्याख्यया संस्कृतः स्तात्
पूर्णो ग्रन्थः श्रेयसे सज्जनानाम् ॥ ३ ॥
(तिलकम्)

श्रीस्वात्मसंविदभिन्नरूपशिवार्पणं भूयात् ।

समाप्तं चेदं तन्त्रसाराख्यं शास्त्रम् ।